ビジネスマンの人生を激変させるしなやかな心のつくり方

カリスマ整体師が 心のストレッチの極意を伝授する

齊藤仁重 著

セルバ出版

はじめに

今回、私は、整体師という立場で、ビジネスマン向けに「心のストレス」についての本を上梓する機会をいただいた。

私が、整体師として、いつも心に留めているのは次の言葉である。

・身体が変われば心が変わる。
・心が変われば言葉が変わる。
・言葉が変われば人生が変わる。

整体は、何のために行うのか？　それは、単に身体の不調だけを改善させるためだけではない。整体とは、心を変えるために行うのだ。そして、その先には、人生を変えるという大きなテーマが待っている。心の委縮を解き放てば、人生は好転していく。夢や願いを叶えていけるようになる。つまり、ビジネスマンが整体によって心を整え、ビジネスを大きく飛躍させるということは可能なのである。

そもそも「心のストレス」とは、何だろうか。「ストレス」というどこか得体の知れないものに対して、大きな思い違いをしている方が多いように見受けられる。なぜなら、「ストレスに勝とう」としているからだ。いくら、ストレスに勝とうとしても、人間はストレスには勝てないようにできている。「ストレスフリー」などという言葉も聞こえてくるが、これは目指すべきではない。ストレスは決してなくならないということを、きちんと理解しなくてはならない。

人間は、交感神経（緊張）と副交感神経（緩和）のバランスで成り立っている。ストレス（交感神経）が全くなくなったとしたら、心身のバランスが大きく崩れてしまい、人間は生きていくことができなくなる。心も身体も、健康的な状態を維持していくためには、適度なストレスは欠かせない。つまり、ストレスを敵対視するのではなく、ストレスとうまく付き合っていくというスタンスが必要になってくるのだ。

では、心に過剰なストレスがかかっている場合、どうすればいいのか？　それは、「ストレスを消す」ことに尽きる。

ストレスはなくならないのに、ストレスを消せるのか？　答えは、ＹＥＳ。もっと詳しく言うと、「ストレスによって心が受ける苦痛」を消すことができれば、問題はなくなってしまうだろう。

本当の意味で「ストレスに強い人」というのは、ストレスを打ち負かしていく人ではない。過剰なストレスを上手に受け流し、自分にとっての適度なストレスへとコントロールできる人のことを言うのだ。

「心のストレス」というと、仕事へのプレッシャーとか、人間関係のトラブルなど、精神的なものをイメージしてしまうが、実際にはそれだけが原因で起こるものではない。痛みや痒み、寝不足や疲労、空腹やのどの渇き、暑さや寒さも、心のストレスに大きな影響を及ぼしてくる。身体と心は繋がっている。身体も、心も、不快に感じたことがそのままストレスへと変化していってしまうのだ。

この問題に、世界で最初に取り組んだのが、仏教の開祖であるお釈迦さまだった。お釈迦さまは、生きることは「苦」だと言って、悟りを開いたのだが、この「苦」を「苦しみ」と解釈するのではなく、「ストレス」と置き換えてみれば、お釈迦さまの悟りがわかっていただけると思う。

人生は「苦＝ストレス」だと知ったお釈迦さまは、出家をして様々な苦行を行った。6年間、ありとあらゆる苦行を自分に課して、人間に秘められたストレスを克服する力を発動させようと、自らの身体で実験をし続けた。しかし、いくら想像を絶するような苦行に耐えたとしても、やはりストレスに打ち勝つことはできなかったのだ。「ストレスに打つ勝つことはできない」。これが、お釈迦さまが6年間を費やしてたどり着いた結論だった。

ただ、ここからがお釈迦さまの素晴らしさになるのだが、この結論だけで悟りを終わらせることはなかった。もう1つ、ここで大切なことを知ることになる。それは、「どんな苦＝ストレスであっても永遠には続かない」ということだ。仏教でいう「諸行無常」である。「すべてのものは変化し変わらぬものは何もない」。これはストレスにも当てはまる。

タンスの角に足の小指をぶつける。その瞬間は激しい痛みに襲われるが、徐々に痛みは引いていく。いずれ消えてしまうものなら、無理にそれと戦うのではなく、ストレスにじっと寄り添って消えるのを待とう。これがお釈迦さまの出した答えだった。

ストレスを受けたときに、しっかりと対応できる人と、押しつぶされてしまう人がいるが、両者の大きな違いは「ストレスには勝てない」ことに気がついているかどうか、たったそれだけのことなのである。それに気がついた人から、「ストレスを受け流す」ことができるようになっていく。

ストレスを受け流していく秘訣は、心を強くしようとしないことだ。心は、強くしていくものではない。心は、柔軟にしていくものなのだ。心をストレッチして、いつも柔軟にしておくことができれば、いつでもストレスを上手に受け流していくことができるようになる。空に浮かんでいる雲のように、「何があっても無理して逆らわず、流れに任せればいい」と気楽に構えていよう。

自分らしく、自由な人生を歩んでいく上で、心のストレスは大きな足枷になる。心のストレスを上手に受け流して、いつも笑顔でいられる人生を歩んでいただけたらと思う。

本書には、私の整体の奥義や、東洋医学の観点から見た日常生活の中におけるワンポイントアドバイス、私が施術をさせていただいてきたプロアスリート、VIPたちなどから学んだ「秘伝」などが、出し惜しみすることなく書かれてある。一話読みきり形式になっているから、パッと開いたページを、そのまま読んでいただいても構わない。

この話の中でたった1つでもいいから、それがあなたの心をほぐすキッカケとなってくれたら幸いである。ぜひ、最後までお付合いいただけたらと思う。

2020年2月

齊藤　仁重

ビジネスマンの人生を激変させるしなやかな心のつくり方
―カリスマ整体師が心のストレッチの極意を伝授する　目次

第2章　本能のままに飲んで、食べて、ストレスを溜めない生活を

第3章　心をやわらかくして、ビジネスを向上させる

第4章　心をやわらかくする生き方のコツ

第5章　心をやわらかくして自身の能力を飛躍させる

第6章　心をやわらかくして夢を叶えていく

第1章

心をストレッチするために身体を暖めて動かして

怠け者の自分を責めたりしない

ボクシングの名トレーナーが語っていたこと

ボクシングの世界チャンピオンを何人も育てあげた名トレーナーが、減量をするときの心構えとして、次のようなことを語っていた。

・まずは食べる。
・食べないと身体を動かせない。
・身体を動かさないと体重を落とせない。

つまり、きちんと食べないと体重を落とすことができないということだ。

生活習慣のすべてを見つめ直してみる

肩こりなどを、自分の力で改善していきたいと思っている方は多いだろう。肩こりになる1つの原因として、「運動不足」というものが考えられる。

「身体を動かしたほうがよいことはわかっているけれど、身体を動かすことが面倒に思えて実行ができない」という方は多いと思う。

こういう場合、「何て自分は怠け者なのだろうか」などと自分を責めてしまいがちだが、私から言わせれば、自分を責める必要などどこにもない。

ここで重要になるのが、「身体を動かしたいけれど、どうも気力が湧いてこない」ということに対して、「なぜ気力が湧いてこないのか？」に注目をすることだ。

・身体によい食事をきちんとする。
・そうすれば内臓が活発に動き始める。
・内臓が元気になれば身体も心も元気になってくる。
・結果として、自然と身体を動かしたくなってくる。

と考えたらどうだろうか。

これは、睡眠も同じで、きちんと睡眠をとれているのであれば、身体も心も元気に回復して、自然と身体を動かしたくなってくるのだ。

身体を動かすという気力が湧いてこないという場合、きちんとした食事をしていないとか、睡眠不足であるとか、生活習慣の乱れが考えられる。「気力が湧いてこない」という自分に対して、「自分は怠け者だ」などと自分を責める前に、日頃の生活習慣を考えてみればいい。

普通に仕事をしていれば、それだけで気力も体力も消耗するし、何をするにしても面倒に感じてしまうのは当然のこと。気力を取り戻すためには、生活習慣の改善が有効となる。

心のストレスを解消していくことを考えた場合、きちんとした生活習慣を送ることは必須である。身体によいものを腹八分目に食べること。昼夜逆転の生活にならずに、きちんと夜に眠ること。こうしたことを1つでもいいから実践していくだけでも、「身体を動かしたい」という気力が湧いてくるのではないだろうか。

筋力トレーニングは下半身から始めよう

筋力トレーニングは欠かせない

「最近、太ってきたかな」などと悩んでいる方も多くいることだろう。

健康な身体を維持するためには、筋力トレーニングは欠かせない。体重を落としたいのであれば、まず筋肉をつけることから始めよう。筋肉があるからこそ、脂肪は燃焼してくれる。

また、健康を維持するためには、特に下半身を温めること、下半身の血流をよくすることを意識すべきだ。

下半身は、心臓から遠くに位置しているために、上半身に比べて血流が滞りやすい。それに伴って冷えやすくもなる。下半身の血流が悪くなれば、それだけ血圧が上がってくる。血圧が上がれば、それが脳梗塞や心筋梗塞を引き起こす原因にもなってしまうから気をつけたい。

ここで、私がおススメするのが、下半身の筋力トレーニングである。上半身もトレーニングをしたほうがよいが、優先させるべきはまず下半身。

全身の筋肉のうちの70%が下半身についているから、スクワットをやるにしても、1回の動作で負荷をかけられる筋肉量が多くなる。下半身の筋肉トレーニングは、それだけ効率がよいのだ。筋肉は熱を生み出してくれるから、身体が温まるし、血流もよくなる。下半身に筋肉がつくということは、イメージとして、下半身にずっとホッカイロを当てているようなものだと思っていい。

まずは歩くことから始めよう

下半身の筋力トレーニングをしていない方は、まず歩くことから始めていただきたい。人間が生きていく上で、歩くという動作は基本中の基本となる。どんな動物でも、歩けなくなった時点で急速に衰えていく。歩くことは、健康な心身をつくる上で絶対に欠かせない。

改めて歩くという時間がとれないという方は、エレベーターを使わずに階段で上り下りをすればいい。車で移動をしている方は、大きな駐車場に車を停める際、あえて遠くに停めて、その距離を歩くようにする。

私は、信号待ちで止まっているときにも、片足でスクワットをしたりしている。ただ、ボケーっと立っていることがもったいないと思うからだ。傍から見れば、ユラユラと揺れているわけだからおかしく見えるかもしれないが、私のことなど誰も見ていないから気にすることはない。下半身の筋力トレーニングは、日常の中でも十分に行える。あとは、その機会をどうつくるかという意識の問題だけである。

歩く際のポイントとして、１つアドバイスをさせていただこう。それは、「美しく歩く」ということだ。「美しく歩く」というイメージを持つだけで、普段歩いているときとは全く違うフォームになる。下半身の筋肉がしっかりと動いてくれるから、同じ歩くという動作をするにしても、筋力トレーニングの効率は大きく変わってくる。

いずれにしても、ストレスなどで心が固くなってきたときには散歩をしよう。散歩をして身体を動かせば、それだけでも気分が変わるだろう。

ストレッチで意識したい1つのポイント

深層部の筋肉をほぐすのにはストレッチが有効である

心をストレッチする上でも、身体のストレッチをして筋肉をやわらかくしておくことは重要である。

筋肉は、筋肉の浅い部分と深い部分の2つに分けて考えられる。

表面にある筋肉を「表層筋《ひょうそうきん》、または浅層筋《せんそうきん》」、深層部にある筋肉を「深層筋《しんそうきん》」という。指などを使った手技で筋肉を「もみほぐす」場合、ほぐす対象となるのは表層筋になる。指で深層筋をもみほぐそうとしても、指は深層部までは届かない。

では、深層部へのアプローチはどうすればいいのか。

ここで有効となるのがストレッチになる。ストレッチをして筋肉を伸ばしていけば、表層筋と深層筋の2つがしっかりと動いてくれる。私も施術を行う際に、ストレッチを使うことがある。特にアスリートは筋肉が分厚いから、手だけの施術だと不十分となってしまうため、アスリート用に考案したオリジナルのストレッチを多用している。

しっかりとストレッチを行う上でのポイントは

ストレッチは、セルフケアとしても有効だ。何パターンか、セルフケアで使えるストレッチを覚えておくといいだろう。ここから、身体をストレッチする上で1つポイントをお教えする。

表層筋と深層筋。筋肉を伸ばしていくときの順番として、まず始めに表層筋が伸びて、次に深層筋が伸びていく。この順番に注目したい。

仮に、表層筋が固くて伸びないのであれば、次に控えている深層筋も伸びていかない。筋肉が固くなっている場合は、まず表面の筋肉をほぐしておくことをおススメする。

固い筋肉の状態で無理にストレッチをしてしまうと、身体にとっては負担になるし、強引に伸ばしてしまうとケガに繋がる危険性もある。私が施術を行う場合も、まずは表面の筋肉を手のひらでほぐしていって、表面がほぐれた段階でストレッチに入っていく。

サイズのきつい上着を着ている状態をイメージしていただきたい。これだと、上着が邪魔で身体を動かしにくいが、表層筋が固い状態というのはこれと同じなのだ。

自分以外の誰かに表面の筋肉だけほぐしてもらって、そこからストレッチをしたほうが身体の負担は軽減できる。また、お風呂に入って身体をしっかりと温めれば、それだけでも筋肉はやわらかくなるから、お風呂から上がったタイミングでストレッチをすればいい。「お風呂上りにストレッチをしましょう」などと言われるが、それにはこういう理由があったのだ。お風呂上がりでストレッチをしてから、身体を温める飲み物を飲む。これで眠りにつくのが理想的だ。

特に、筋肉の表面が固い状態でストレッチを行っても、効果は期待できないし、ムダな痛みを感じるだけだから、事前の準備を意識してストレッチを行っていただきたいと思う。

自分の身体に贅沢をさせる

まずは部屋の窓を開けよう

別に身体の調子は悪くないけれど、何をやっても面白く感じられない。つい、ため息ばかりが出てしまう。そして、気持ちが晴れずに悶々としているうちに、そんな自分が嫌になってしまう。こういうことは、誰にでも起こり得ることだと思う。では、こういう場合どうすればいいのか。

まずは、「気」の流れを意識してみたい。東洋医学の世界には、「流れる水は腐らない」という言葉がある。流れを失った水流はにごり、清らかさを失ってしまう。だから、いつまでもきちんと流れるようにしておくことが大切だ、という考え方だ。

東洋医学においては、「気」は身体の栄養物質を運ぶ力があると考えられている。つまり、気が停滞してしまう状態が続けば、やがて身体の血液や体液の流れまで滞ってしまうということだ。だからこそ、停滞しないように「動かし・流す」という意識が大事になる。

部屋にいるのであれば、窓を開けて空気を入れ替えてみればいい。これだけでも、部屋の中にある「気」が「動き・流れ」始めるから、気分を変えることができるだろう。

この流れで、掃除をするのもいい。部屋が散らかっていれば、それも気の乱れに繋がってしまう。部屋を片づけてスッキリさせてしまおう。また、お風呂にゆっくりと入ることだ。できれば、日帰り温泉などの大きなお風呂が理想だが、身体をしっかりと温めて汗をかくこと。

自分の身体にご褒美をあげよう

外に出られる気力があれば、外に出よう。心と身体はつながっている。心の停滞が生じたときには、ジッとしながら悶々と悩んだりせずに、まずは身体を動かしてみることだ。身体を動かせば、自然と心も動き始める。

こういう場合、私だったら自然が豊かな場所で散歩をすると思う。私は、週に何度か、自然の中にある散歩道に行って散歩をしている。空気は綺麗だし、眺めもいい。ここで考えごとをしながら、ゆったりと歩いているときはまさに至福の時間である。

広い景色を眺めて「気持ちがいいな」と感じているときは、体内に流れる気も勢いよく循環してくれている。都会で生活をしている方は、自然の中に行くことは難しいかもしれないが、とりあえず「気持ちがいいな」と感じる程度に身体を動かしてみればいい。

心を動かすことは難しいが、身体を動かすことなら簡単である。また、心を喜ばせようと思うのであれば、身体にご褒美を与えることだ。美味しいものを食べるとか、温泉に入るとか、マッサージを受けるとか、身体の感覚で「これは好きだな」と感じられることをすればいい。身体が満たされれば、自然と心も満たされるものだ。

気分が優れないというときに、「今、自分の気の流れが停滞しているのだな」とわかっていれば、その解決策は見つけやすいと思う。

貧乏ゆすりのススメ

ふくらはぎが「第2の心臓」と言われる理由

血液を全身に送り出すのは心臓の役割となる。ただ、心臓は、「握りこぶし大」くらいの大きさしかない。心臓が持っているエネルギーというのは、実際にはそこまで大きなものではないのだ。だからこそ、心臓を助ける意味でも、身体を動かしたり、お風呂に入って身体を温めたり、自分でも全身の血流をよくすることを意識しなければならない。

また、心臓は、血液を送り出すという機能は持っているが、末梢から心臓へと戻してくるという機能は持ち合わせていない。そこで、人間の身体は、歩くことによってふくらはぎの筋肉を収縮させて、そのポンプ作用によって末梢に滞っている血液を心臓に送り返しているのだ。これが、ふくらはぎが「第2の心臓」と言われる理由。

「エコノミー症候群」という名称を聞いたことがある方は多いと思う。飛行機に半日以上座りっぱなしでいると、足の静脈の中の血液がドロドロになって血栓をつくって固まってしまう。これが肺に運ばれると肺血栓、脳に飛べば脳梗塞、恐ろしい病なのだ。しかし、これは飛行機だけに限った話ではない。普段、座ってばかりで歩かない方や、運動不足の方にも当てはまる。

忌み嫌われる貧乏ゆすりは健康的な動作だった

貧乏ゆすり―これは、あまりよいイメージを持たれていないと思うが、私はこれをおススメする。もともと、貧乏ゆすりは、身体が欲している動きなのだ。

長時間、集中してデスクワークをしていれば、全身の緊張状態が続いていることになる。その中に、パソコン画面を見続けていることが原因として起こる眼精疲労がある。眼精疲労の影響は、目だけにとどまる話ではない。眼精疲労は目の疲れだが、目がストレスを感じ続けたことで、全身の緊張状態に繋がり交感神経が優位になってしまう。この交感神経優位が、全身の血流障害を引き起こすのだ。眼精疲労のときには、目を休めることに加え、全身の緊張状態を解消する必要がある。

全身の筋肉が緊張状態にあるときに、貧乏ゆすり（足を小刻みに動かすこと）は、その解消に有効になる。貧乏ゆすりで、固まった筋肉をほぐしていくことができる。また、足を動かすわけだから、足の血流の悪さの解消にも繋がっていく。忌み嫌われる貧乏ゆすりだが、実は健康的な動作であったと言えるのだ。

「他人の貧乏ゆすりを見るとストレスになる」という方もいるから、周りへの配慮は必要かもしれないが、貧乏ゆすりをしたくなったら、大いにやってもらいたいと思う。また、椅子に座りながらでも、肩をグルグルとまわしてみるとか、背中をよじってみるとか、できる範囲で身体を動かしたほうがいい。

自分の心臓の働きを助けられるのは、自分しかいない。細かくてもいいから、全身の緊張をゆるめ、血流をよくしていく動きをしていきたいものである。

1日に1回は汗をかく

汗をかくくらいしっかりと身体を温めること

施術をしていると、お客様から、「身体をよくするために、自分で何かできることはありますか？」と聞かれることがある。こういうとき、私は「お風呂に入るとか、適度に運動をするとか、1日に1回は汗をかくくらいしっかりと身体を温めてください」と答えるようにしている。

東洋医学では、身体はすべて「温めて治す」と考えられている。風邪を引けば熱が出る。ケガをしても熱を持つ。鼻炎、肺炎、肝炎など、患部に炎症を起こして治そうとする。身体に不調がある場合は、「とにかく温めて寝ていろ」ということだ。

シャワーで済ませずに湯船に浸かろう

「一日一汗」という言葉がある。1日に1回は汗をかいたほうがいいということだ。身体の温度が1度上がれば、代謝が12%、免疫力が30%アップすると言われている。

体内にあるウイルスをやっつけたり、毒素を排泄したり、身体の中の掃除をするという意味でも、汗をかくくらいしっかりと身体を温めたい。お風呂は面倒だからシャワーで済ませるという方もいるだろうが、ぜひ湯船につかることをおススメしたい。これは、すごく大事なことだ。

昔は、今のように冷房がなかったから、夏になると汗をかいて、うちわでパタパタと仰いで暑さをしのいでいた。そして、スイカやトマト、キュウリなど身体を冷やす食べ物を食べ、暑さをやわらげていたのだ。

しかし、現代では、夏になると冷房をガンガンと効かせる。これによって、夏でも汗をかく機会が減ってしまった。室内で仕事をしている方などは、冷房が効いた室内に1日中いることになる。もしかしたら、1年の中で夏が1番身体を冷やす時期になっているのかもしれない。

もともと、冬は寒さに耐える時期であり、この時期は汗をかかないから、体内に老廃物や毒素が蓄積される。冬に溜まったものを、夏に汗をかいて排泄するというのが、人間の身体のサイクルだったのだ。しかし、現代では、1年を通して快適な温度に調節できる環境になってしまったから、汗をしっかりかくということは、意識しなければ難しい。

普段、忙しいのであれば、休日に温泉に行くとか、銭湯に行くとか、外の大きなお風呂に入りに行くことをおススメする。そこにサウナがあれば、ぜひサウナにも入っていただきたい。

また、スポーツクラブに通っているのであれば、しっかりと汗をかくことを意識して、適度に身体を動かすのもよい。

昔の日本人には風呂好きな人が多かった。ものすごく熱い湯に、平気な顔をして首まで浸かっているお年寄りがたくさんいた。しっかりと身体を温めて、毒素を排泄する。これが日本人の健康の秘訣だったのだ。

年齢を重ねるにつれて身体は冷えやすくなっていく。日頃から、身体を温めることを意識して、1日に1回は汗をかくこと。こういう生活習慣を意識していただきたいと思う。

こまめな休息の時間を大事にする

施術と施術の合間に行っているルーティーン

施術のスケジュールが詰まってくると、施術を立て続けに行わなければならなくなることがある。しかし、どんな状況であっても、私は施術の合間には必ず一息つくようにしている。

まず、手を洗う。1人のお客様を施術した手を、水で洗って手についた気を浄化していく。そして、少量でもいいから水を口に含む。水を口に含ませることで気をスッキリさせる。この2つのルーティーンだけは、いつも欠かしていない。

私にとっては、これがたとえ数秒といった短い時間だとしても、立派な休息の時間になっている。交感神経が優位だった状態に対して、副交感神経を刺激するという意味でも、このルーティーンは欠かせない。

身体が緊張状態にあると身体からのサインに気づけないということがある

スポーツ選手の場合、試合中はアドレナリンが出ているということもあるが、ケガなどをしても痛みをあまり感じない。しかし、試合が終った後で、緊張状態から解放された途端に激しい痛みを感じるようになっていく。風邪などもそうで、大事な仕事で気が張っている最中には具合の悪さを感じないけれど、いったん家に帰って、気が抜けた途端に熱が出たりする。

慢性的にストレス状態にある方が、食べ過ぎたり、飲み過ぎたりしてしまうのも、身体からの正常なサインをキャッチできていないということが考えられる。だからこそ、「ストレスを溜めない」ということが大事なのだ。

大きな病気になる場合も同じで、身体は「症状が軽い段階」でサインを送ってくれていたのに、ストレスでそれに気づけず、大きな症状になってからやっと気づいたということになってしまう。

1日の中でも、きちんと副交感神経が優位になる「リラックスした時間」を持つことを意識していただきたい。目安は1時間に1回。

デスクワークでずっと座っていたのであれば、立ち上がって、少し歩くとか、身体を動かすとかである。おススメなのは、トイレに行くこと。別に毎回用を足さなくても、トイレまで歩いて行って、手を洗うということだけでもいい。気分がスッキリするような飲み物を口にしたり、アメやガムを口にしてもいい。これだけでも気分が変わる。

反対に、ずっと立っていたり、身体を動かしていたのであれば、座って休憩をする。パソコンで目を酷使していたのであれば、目を休ませる。休憩時間にスマホを見たくなる気持ちはわかるが、常に目を酷使させたり、脳を動かしていたりすると、緊張状態から解放されない。たまには、何も見ずに、何も考えずにボーっとする時間を大事にしたい。

こまめな休息を意識していただきたいと思う。

たまには身体に悪いこともしてみる

同じ施術を繰り返していけば効果が薄れる

「慢性的に肩が凝る」という方に対して、ずっと同じ肩の施術をしていけば、そのうち施術の効果が薄れてくるようになる。それは、脳も身体もその刺激に慣れてくるから、刺激を入れても反応をしなくなってしまうのだ。

だから、刺激に慣れさせないように、施術のバリエーションを変えていく必要がある。手のひら、足の裏など、今までにはない箇所を押してみるとか、今までとは刺激の強さを変えてみるとか。すると、脳や身体が「おっ、何だ、この刺激は」と驚いて、それに反応をしてくれる。脳や身体に対して、マンネリ化したものを与え続けていても、それは慣れを生み出してしまうから、たまには違った刺激が必要なのだ。

平和ボケしていた身体にスイッチを入れる

日常の生活の中でも同じことが言える。もちろん、普段からしっかりと疲れを溜めない生活をしており、十分な健康を保っている方にしかおススメできないことではあるが、月に1回か2回くらいは、身体に悪いことをしてみるということも大事なのだ。

健康的な生活を続けていると、たまに窮屈さを感じることがある。こういう場合は、思いきってそこから外れてしまってもいいと思う。なぜなら、窮屈さがストレスを生んで逆効果になってしまうからだ。

私は、仕事柄もあって、健康には気を遣っているほうだと思うが、だからといって窮屈に自分を縛るようなことはしていない。お酒も飲むし、たまには夜更かしもする。飲食においても、たまには暴飲暴食もするし、コンビニで売られているような食べ物も食べている。普段は、0時までには寝るようにしているが、たまには深夜まで起きていることもあるから、その翌日は寝不足となってしまう。しかし、この寝不足が、反対に心身の調子のよさを生んでくれるような気がしているのだ。

いつもは規則正しい生活をしているが、それが続き過ぎることによって、身体がマンネリを感じているのかもしれない。たまには変化をつけたほうが、平和ボケしていた身体にスイッチが入る。

普段は身体によいことをしている人が、たまには身体に悪いことをしてみるというのも必要なのではないかと思う。

いつもは穏やかで満ち足りた健康状態を保っていると、それ以上、身体の機能は鍛えられない。限界状態の負荷に接して、身体の機能を総動員して戦うという機会がなくなってしまうからだ。何らかの負荷がかかって、そこからリカバリーを図るときに、身体の機能がより強く鍛えられる。

玄米採食の方なら、たまには焼き肉を食べてみるとか。普段は風邪を引かない方なら、たまには引くことだって必要なのかもしれない。普段とは違う、俗に言う「身体に悪いこと」をしてみてもいいと思う。

元気を取り戻すために気晴らしをする

「元気」とはどういうことか

東洋医学では、疲れている状態を「気滞《きたい》」と言うことがある。これは文字のとおりで、気が滞っている状態。普段の会話の中でも、「気が塞がる」「気が詰まる」という言葉を使ったりするが、これも同じような意味だと思っていい。

身体を動かすことは必要なことだとわかっていても、どうしても気持ちが塞がっていて、気力が湧いてこないなんてことを経験したことがあるだろう。これは、心身を動かすエネルギーである「気」が滞ってしまうことで、身体が動けなくなっている状態なのだ。

「元気」とは、「気」が「元」に戻ることを言う。つまり、気が正常に巡っているから「元気」なのだ。気が滞ってくると、そこには「病気」が生まれる。流れが悪くなると、そこは固くなってくる。固くなれば、冷えてくる。冷えてくるから、そこに病が生まれてくる。だから、身体も心も、この気の巡りを大切にしなければならない。

以前、私が施術をさせていただいた大物経営者の方は、こうおっしゃっていた。「俺は、こういう整体とかが好きなんだよ。血液も巡りが大事でさ、血の巡りをよくしてもらえるんだから、こういうものには価値があると思っているんだ」。

私は、この言葉を聞いたときに、「すごいな」と感心した。まさに、そのとおりである。

気晴らしのためには時間もお金も投資すべき

では、「気滞」の状態を改善するためには、何をしたらいいのだろうか。答えは、「気晴らし」である。パーっと外に出て、気晴らしをすればいい。これをするだけで、心身の調子がグッと改善していく。

「家でゴロゴロしていたら余計に疲れた」と感じることがあるが、それはゴロゴロでは気の詰まりが解消されないからだ。気が詰まっているときにこそ、詰まりを解消することを意識しなければならない。

休みの日や、空いている時間には、好きなことをすることだ。親しい仲間たちと楽しくお酒を飲むとか、ゲームが好きならゲーム三昧だっていいじゃないか。ストレスは大敵と言われているが、それはストレスを感じていると、全身の気の巡りが悪くなってしまうからだ。ストレスを解消することへの投資は、惜しむべきではない。

仕事と休息は、同じくらい大事なのだ。自分へのご褒美として、たまには仕事を休んででも時間を確保することは必要だと思う。そして、好きなものを買うとか、旅行に行くとか、こうやって自分に時間やお金を投資してみればいい。これは、とても有意義なことではないだろうか。

元気だからこそ仕事ができる。この元気を維持するために、元気を取り戻すために、思いっきり気晴らしをしよう。自分にとっての「気晴らし」とは何か、改めて考えてみることをおススメする。

無理をすることはほどほどに

病気を未然に防いでいく

「くれぐれも無理はしないでください」――私は、お客様に対してこう言うことがある。普段から健康的な生活ができているのであれば、たまに無理をすることは歓迎するが、普段から無理をしているのであれば、それ以上の無理は禁物である。

仕事がある、家庭がある、趣味がある。人はそれぞれにいろんなものを抱えながら生きている。当然ではあるが、それらは健康な身体と心が土台にあるからこそ、こなしていけるものなのだ。日々、これをきちんと意識して生活している人がどれくらいいるだろうか。

厳しい言い方になるが、無理をし過ぎて壊れてしまった身体や心は、簡単には修復できなくなってしまうこともある。東洋医学の言葉に「未病先防《みびょうせんぼう》」というものがある。「未病」とは、文字のとおり「健康ではないけれど病気ではない」という段階のこと。つまり、「病気にならないように未然に防ぐ」という意味だ。

どれだけのお金をかけても健康は買い戻せない

世の中には、いろんな考えを持っている人たちがいる。「病気になったら、その度に病院に行けばいい」などと考えている人もいるだろう。しかし、この言葉は、今が健康だからこそ言えることではないだろうか。いざ病気になってからでは、とてもじゃないが、そんなことを言っていられる余裕はない。「後悔先に立たず」という言葉がある。「あのとき、こうしていれば、こんなことにはならなかったのに」という後悔は、とてもつらいものだ。

アスリートは、自身の体調管理にとても気を遣っている。試合に向けて、ベストコンディションをつくっていくために、日々の節制を欠かさない。しかし、これは、一般の方にも言えるのではないだろうか。どんな仕事だって、ベストコンディションでなければよい仕事はできない。最高の仕事をするためには、日々のコンディションを整えておく必要がある。

「どうやって仕事と向き合っていくのか」、もっと言えば、「どうやって自分の人生と向き合っていくのか」という自分自身の考え方が、そのまま健康をつくっていくのだと思う。

健康に気をつけていたとしても、絶対に病気にならないとは限らない。しかし、いざ病気になったときに、「やるだけのことはやって気をつけていたのだから」と自分を納得させられる人と、「あのとき、こうしていればよかった」という後悔の念にかられている人との間には、大きな差がある。

仕事に対して強い気持ちを持っている人間は強い。私が間近で見てきた多くの成功者たちは、健康にとても気を遣っていた。そして、たくさんのお金もかけていた。なぜなら、健康でなければ仕事ができないから。そして、どれだけのお金をかけたとしても、失った健康は買い戻せないからだ。

ある大企業の経営者の方が、こんなことをおしゃっていた。「人生には、そこまでのお金はいらないな。昔、大きな病気をしたことがあるんだよ。あのとき、何も食べられず、何も飲めず、ずっと病院のベッドの上に寝かされていた。そこでね、健康のありがたさを嫌というほど感じたんだよ」。

健康で元気な身体でいられるときに、そこにきちんと感謝の気持ちを持っているだろうか。そして、これからも健康でいられるようにと、きちんと心がけているだろうか。

人生を楽しむためには、健康が絶対に必要である。これを常に意識していたいものだ。

第2章

本能のままに飲んで、食べて、ストレスを溜めない生活を

無理して3食を食べなくてもいい

身体は消化吸収と排泄を同時にはこなせない

「食欲がないときでも、3食きちんと食べるようにしています」という話を聞くことがある。そのくらい、栄養が不足しないように、常にお腹に食べ物を入れておくことが大切だと考えているのだろう。また、食べずにいる人を見ると、「食べないと身体に悪いよ」などと声をかける。確かに、食べることは大事である。食べなければ生きていけない。しかし、身体にとって、食べることばかりが重要なのだろうか。

「呼吸」。息を吐いて、吸う。吸うことも大事だが、吐くことも同じくらい大事だ。吸ってばかりで、吐くことをしなければ生きていけない。そして、身体は息を吐くことと、吸うことを同時にはこなせない。これは、「消化吸収」と「排泄」の関係にも、全く同じことが言える。

食事を摂って、身体が食べたものを消化吸収している時間帯には、排泄機能の働きは弱まっている。排泄機能は、食べない時間帯にこそ、活発に働き始めるようにできているのだ。食べてばかりでは、排泄するという機能が落ちたままだ。老廃物や毒素が体内に溜まり続けたら、生きてはいけないだろう。

よく、「寝る3時間前からは食べないほうがいい」などと言われるが、その理由はこういうことだ。

睡眠時間が７時間だとすると、３時間前から食べなければ、連続して10時間の食べない時間をつくることができる。寝ている時間帯は、排泄機能が高まるから、この10時間でしっかりと排泄機能を高めておこうということだ。

無理して食べる必要はない

「今は、ちょっと食べたくないな」と感じているときは、身体も同じことを思っている。身体や心が疲れているときには、食欲が落ちるのは当然のことだと言える。なぜなら、身体にとって１番エネルギーを消耗することが、「消化吸収をする」ということだからだ。１日に３食を摂った場合、これを消化吸収するために必要なエネルギーは、フルマラソン（42・195キロ）を完走するのと同じくらいのエネルギーに相当すると言われている。

風邪を引いたときは、身体がウイルスや菌をやっつけるためにとエネルギーを使っているから、１番エネルギーを消耗する「食べる」という欲求を落とすのだ。また、これは、排泄機能を高めて風邪を治そうという働きでもある。

風邪を引いて食欲がないときに、無理をして食べたらどうなるだろうか。風邪を引いて体力がない中でも、外に出て10キロのマラソンをするのと同じ行為になる。私は、風邪を引いたときには、絶食して１晩ぐっすりと眠ってしまう。大体がこれで治る。また、疲れたときなども、内臓を休めるために、あえて食べずに寝てしまうこともある。多少、空腹感がある場合でも、ハチミツや黒糖を少し入れた紅茶を飲めば、それで大丈夫だ。

こういうことが、身体にとって自然なことなのだと思う。頭で考えるのではなく、身体の感覚に従うということだ。お腹が空いていないときには、無理をして食べる必要はない。

食べ物の好き嫌いがあるのは当然のこと

人間には「1日30品目」が必要なのだろうか？

厚労相が、「1日30品目を食べましょう」とすすめていた。「野菜、豆類、果物、肉、卵、乳製品、穀物類」をバランスよく食べることが大切であると。しかし、私は、これに疑問を感じている。人間の身体には本当に30品目が必要なのだろうか？

ライオンや虎などの肉食動物は肉しか食べないし、ゾウやキリン、牛や馬など、あれだけの体格を誇っている草食動物が食べているのは草だけだ。人間に一番近いとされているゴリラやチンパンジーでさえ、バナナやリンゴ、イモ、ニンジンなど一部の果実や野菜を食べているだけ。となれば、人間以外の動物たちはみんな栄養不足になるのだろうか？

自然界の動物たちは、その多くが極端な偏食をしているが、病院にも行かずに生き続けている。そして、何十万年、何百万年と種を絶やさずに生存してきたのだ。人間だけではなく、肉食動物も草食動物も、骨格、筋肉、内臓があり、体内にタンパク質、脂肪、糖質、ビタミン、ミネラル、水分を含むという点では、同じ哺乳類としての性質を持っている。

肉は、肉食動物の栄養源ではあっても、草食動物にとっては何の栄養にもならないどころか、むしろ有害であると言える。いくら肉や牛乳に「良質のタンパク質」が多く含まれていたとしても、肉食動物以外には、その「良質」も「よいバランス」も意味がない。

たとえ、理に叶ったことだとしても、身体がそれを望んでいるとは限らないのだ。何が栄養になるかは動物の種類によっても違うし、人間の場合、牧畜民族か農耕民族かによっても違ってくる。日本人や欧米人、南米人などは顔や体格、肌の色などが全く違うことは言うまでもない。

また、同じ日本人だとしても、北海道に住んでいる人と、沖縄に住んでいる人が、全く同じ食生活をしたとして、その結果で同じような健康効果が得られるということは考えにくい。北海道のような寒い地域では、身体を温めてくれるものが、沖縄のような暖かい地域では、身体を冷やすものが好んで食べられることこそが、ごく自然なことではないだろうか。

理想の食事は好きなものを食べること

食べ物の好き嫌いがあるということは、悪いことでも何でもない。むしろ、好き嫌いがあったほうが自然なのである。

本来、人間にとっての食事は、人生を生きる上での「楽しみ」のはずだ。嫌いなものを無理して食べるとか、食事を摂る際に「30品目」などとプレッシャーを感じて品数を用意しているとか、これでは逆にストレスになってしまうだろう。

食べるものに含まれている栄養素も大事だとは思うが、「美味しいな」と感じながら食べるということも必要なのだ。1人で食べるよりも、好きな人に囲まれて食べるほうが楽しい。嫌いなものを食べるよりも、好きなものを食べることのほうがずっと楽しい。こう考えれば、理想的な食事は、好きな人と、好きなものを食べるということに尽きると思う。

飲み物を選ぶときのポイント

冷え性のメカニズム

身体にはもちろんのこと、心にとっても冷えは大敵である。東洋医学では、心の不調も「冷えの病」と見て、温めることで治そうとしていく。いつも、身体は温かい状態で維持しておくことが理想となる。

冷え性で、いつも手足が冷たいという方がいるが、そのメカニズムを少しご説明する。

体温が下がるのを防ぐために、身体の末端や表面の血管を収縮させ、毛穴も閉じて、放熱をできるだけ防いでいるためなのだ。内臓などがある身体の温度「深部体温」の低下を防ごうとする身体の反応である。

身体が冷えたときに、温かさを求めてお風呂に入ったり、暖房の効いた部屋に入ったりすると、血管が拡張して血流が増えるのだが、強く冷やされた後に、急激に血流が回復することで、だるさ、腹痛、頭痛などの症状が現れてきてしまう。なので、体が冷えやすい方は、いつも身体を温めておくことを意識したい。

飲み物だけでも身体を温めることができる

ファミレスやカフェに入ったとき、何を飲んでいるだろうか。普段、何気なく飲んでいるものを意識するだけでも、身体を温めることができる。

身体を温めてくれる飲み物の代表格は、紅茶。発酵させたお茶の葉を使用したものはよい。他にも、ウーロン茶、ほうじ茶、黒豆茶、番茶など。黒っぽい色をしたお茶の葉を選んでいただきたい。他には、生姜湯、ホットココア、甘酒、レモンティーなどもよい。

私の中では、身体を温めてくれる最強の飲み物は「生姜紅茶」であると思っている。この生姜は、漢方薬にも生薬の1つとしてたくさん使われている。

生姜は、身体の中からしっかりと温めてくれる作用を持つ、非常に優れた食材なのだ。食事を摂る際にも、あらゆるものに生姜を入れていただきたい。みそ汁などの汁物、うどんなどの麺類、肉や魚にも合わせてもいい。

私は、生姜を薬だと思っているから、何か不調があったときには、生姜をたくさん摂って、あとはおとなしく寝るようにしている。

反対に身体を冷やす飲み物は、緑茶。発酵していないお茶の葉を使用したもの。他にも、ジュース類、清涼飲料水、牛乳、豆乳など。コーヒーが好きな方は多いだろうが、コーヒーには身体を冷やす作用があるから、コーヒーを飲む場合、できればシナモンを入れていただきたい。身体を冷やす作用を和らげることができる。

いずれにしても、冷たいものを飲む場合は、すぐに飲み込むことは避けたい。口に含んだ状態で、少し待って、飲み物を温めてから飲み込んでいただけたらと思う。冷たいものを一気に飲み干すと、それだけでもかなり内臓を冷やすことになってしまうからだ。

普段の飲み物を、こうやって意識していただけたらと思う。

身体を温めながらお酒を楽しむ

楽しみながらお酒と付き合って向き合うということ

「お酒は身体に悪い」と言って、お酒を控えている方もいると思う。もちろん、病気を抱えているとか、医師から止められているであれば別だが、お酒が好きで、お酒を飲むことによって気分がよくなるのなら、これからも楽しみながらお酒と付き合っていただけたらと思う。

お酒は、昔から「百薬の長」と言われている。アルコールは、健康、長寿、若返り、抗老化の効果の高い飲み物なのだ。うまくお酒とお付き合いしていけるということは、とてもよいことだと思う（あくまでも適量を心がけていただきたいが）。

日々、多かれ少なかれストレスは溜まる。そんなときに、お酒を飲んで、楽しくストレスを解消できれば、心のストレッチという面でも十分な効果がある。仕事が終った後のお酒を楽しみにして、ハードスケジュールを乗りきっている方も多いことだろう。やはり、楽しみがあるからこそ、仕事にも精を出していくことができるのだと思う。

フィンランドで、「健康診断をこまめに受け、医師の健康指導に真面目に従って受診したグループ」と、「健康診断も受けずに、好き勝手気ままな生活をしたグループ」を15年間追跡したところ、勝手気ままな生活をしたグループのほうが、病気にもかからず、精神的にもよい状態で生活している人が多かったとのデータがとれている。

やはり、真面目な性格や生活からくる「ストレス」は、大敵なのだ。あまり真面目過ぎない、いい加減な性格や生活のほうが健康長寿にはよい。だからこそ、お酒を楽しく飲んで、ストレスが発散できるのであれば、それはよいことなのだ。

身体を温めることを意識しながらお酒を楽しむ

お酒の種類であるが、身体を温めるものと、冷やすものに分類することができる。

特に冬とか、身体が冷えやすい体質の方は、身体を温めるものを飲んでいただきたい。せっかくお酒を飲んでも、その後で身体が冷えてしまったのではもったいない。

身体を温めてくれるものは、日本酒、紹興酒、芋焼酎、米焼酎、赤ワイン、梅酒など。1杯目はビールでも、その後は熱燗に切り替えるとか、芋焼酎のお湯割りにするとか、身体を温めるものを飲んでいただけたらありがたい。私も、お客様とこういう話題になったときには、身体を温めてくれるお酒をおススメしている。

反対に、身体を冷やすものは、ビール、ウィスキー、麦焼酎、ハイボール、白ワインなどである。こういうものは夏に飲むとか、お風呂上りで身体が火照っているときに飲むとか、工夫をしたい。身体が暑がりの方は、季節を問わずに飲んでも構わないと思う。

身体を温めることを意識しながら、これからもお酒を楽しんでいただきたい。

みそ汁を飲もう

なぜサラダをイメージするのか

野菜を食べるというと、なぜサラダをイメージするのか。

「野菜を食べよう」と言われている。ここで、「野菜を食べるとき、どうしていますか？」と質問をすると、「サラダにして食べる」とお答えになる方が多い。

サラダに使われる野菜は、レタス、キュウリ、トマト、キャベツ、ブロッコリー、セロリなどになるだろうか。これらは、身体を冷やす性質を持っている。

身体を冷やす性質を持った野菜を冷えたままの状態で食べれば、当然身体が冷える。身体が冷えれば内臓も冷えるから、消化吸収の力が低下していく。これでは、せっかく野菜を摂ったのに、「それがきちんと消化吸収していったのか？」には疑問が残ってしまう。

その点、具沢山のみそ汁はどうだろうか。みそは、身体を温めてくれる。また、その中に野菜を入れれば、「冷」の性質の野菜であっても、それが「温」のものに変わっていく。野菜も摂れて、身体も温まる。私は、みそ汁を最高ランクの健康食だと位置づけている。

みそ汁は優れた健康食である

食事のとき、みそ汁を飲んでいるだろうか。現代の日本人は、昔の人に比べてみそ汁を飲まなくなってきている。飲んでいない方は、ぜひ飲んでいただきたい。

みそ汁は、優れた健康食である。みそは、身礎《みそ》とも言われ、身体をつくる上での礎《いしずえ》となるため、飲む点滴とたとえられている。

みそ汁が身体によい理由をいくつか挙げてみる。

まず、みそには、消化をよくする働きがある。食事のとき、みそ汁から食べ始めると、身体に塩気が取り込まれて、胃腸が活発になっていく。そうなれば、そこから食べていくものの消化がよくなっていくのは当然のことだ。昔の日本人は、食事をする際、まずみそ汁に口をつけてからご飯を食べ始めていた。これは理にかなっているのだ。

さらに、みそ汁は、血管の掃除や腸の掃除もしてくれる。造血機能を高め、血液を陽性にしてくれる。体内の酸化を抑制してくれ、老化防止にも効果がある。そして、癌の予防にもなる。加えて、動脈硬化の予防にもよい。

昔の人は、吸っていたタバコのキセルのヤニをとるのに、みそを使っていた。チリ紙をよってつくったコヨリにみそをつけて、それをキセルの中に通して掃除をしていたのだ。

みそには脂などを落とす作用がある。これと同じ原理で、血管の中にあるコレステロールを溶かしてくれる。動脈硬化が心配な方は、積極的にみそ汁を飲んでいただきたい。

江戸時代のことわざには、「医者に金を払うより、みそ屋に払え」というものがあった。毎日、みそ汁を飲んで、わずらわないようにという養生訓である。

日本人には、やはりみそ汁。みそ汁を飲むという習慣を大切にしていただきたい。

時間がないときの昼食は「そば」にする

食べ過ぎないということ

風邪を引いたとき、現れてくる代表的な症状が2つある。1つは熱が出ること。もう1つは食欲が落ちるということ。身体の不調が起こる大きな原因は2つあるのだが、それはこの反対側にある。1つは身体が冷えていること。もう1つは食べ過ぎているということだ。

理想的な体重に対して体重が重いという方は、「食べ過ぎている」ことが考えられる。こういう場合は、食生活を見直していくしかないだろう。

私は１日２食を心がけている。朝食は抜いて、軽い昼食、そして好きなだけ食べるという夕食。長年にわたってこういう食生活をしているが、体調がすごくよい。身体も軽いし、メタボとは程遠い体型を維持できている。私の食生活のルールだが、それは全く厳しいものはない。

朝は、野菜ジュースとか、ハチミツを入れた紅茶を飲むとか、そんな程度にする。昼食は、仕事の合間に摂る食事になるから、できる限り身体が重たくならないものを選ぶ。夜は、好きなものを好きなだけ摂っていい。毎日、毎日、食べ過ぎないということ。意識しているのはそれだけだ。

そばは優れた食べ物である

「完全栄養食」という言葉を聞いたことがあるだろうか。これは、１つの食品で身体に必要な栄養をすべて摂ることができるという優れものである。

あなたは、昼食には何を食べているだろうか。私がおススメするのは、そばである。

そばは、完全栄養食に近い。そばを食べるということには、みそ汁にご飯、おかずといった複数の品数を食べることに匹敵するような価値がある。

もちろん、いろんな食べ物から栄養素を摂取したほうがよいのだが、ランチタイムでそこまでの時間がないという前提での話だということをご理解いただきたい。

そばは、サッと食べられるし、ランチにはもってこいの食べ物だ。温かいそばでも、冷たいそばでも、ネギなどの薬味をたっぷりとかけていただきたい。この薬味には、身体を温めてくれる作用がある。ワサビも入れていただきたい。軽く食べられるメニューの中でも、ラーメン、うどん、おにぎりなどに比べて、そばは栄養のバランスがよい。

では、そばを食べる時間さえもない場合はどうするのか。ここに優れものの食品がある。「チョコレート」だ。カカオは、薬に使われていたこともあるくらいの優秀な食品である。高カカオ（70％以上）のチョコレートをひとかけら食べる。このチョコレートも完全栄養食になる。ココアを飲むこともよいだろう。

仕事で時間がないときは、食事に十分な時間がとれないことがある。こういうときには、完全栄養を意識して、食べるものを選んでいただけたらと思う。朝と昼に、好きなものを食べることを我慢していれば、その分夕食が楽しみになる。夕食では、好きなものを好きなだけ食べて、心から楽しめる時間にしていただきたいと思う。

癖のある大人の味を食べよう

子供が辛いものを食べない理由

私は、小さい頃、ワサビが嫌いだった。寿司や刺し身は、いつもサビ抜き。ざるそばにもワサビは入れない。おでんにカラシをつけることもしない。とにかく、ピリッとした辛いものが苦手だった。

しかし、今はどうだろうか。今は、ワサビを好んで食べている。寿司のサビ抜きなど考えられない。おでんにもカラシをつけて食べている。これは、私の幼少期に限った話ではなくて、総じて子供というのは辛いもの、苦いもの、酸っぱいものを好んで食べないものだ。

では、これはどうしてなのか。辛味、苦み、酸味などは、口に入れたときに、身体が「異物」であると判断して、排泄しようとする。野生動物が、口に入れた瞬間に、苦みを感じれば、反射的に口から出すというあの反応と同じ。これらの癖のある味を感じれば、排泄機能が高まるのだ。

子供の頃は、身体が温かくて代謝もよいから、身体の中に老廃物が溜まりにくい。だから、身体の反応として、排泄を促すという欲求が少ないために、辛味や酸味を欲しないのだ。子供が、辛いもの、苦いもの、酸っぱいものを食べたがらないのは、排泄機能を高める必要がないからである。

ちなみに、リンゴでも、ミカンでも、食べ頃を迎える前は緑色をしている。野生動物は、緑色をしたものは「食べごろではない」と判断して手を伸ばさない。子供の頃は、まだ野生動物の本能を強く持っているから、緑色のものは食べたがらないのだ。ピーマンが嫌いという子供は多いが、それはピーマンが「苦い」「緑色」と2つの要素を持っているからである。

本書を読んでくださっているあなたは、今、子育てをしているかもしれない。子供が食べ物の好き嫌いを訴えているときには、こういうことを理解してあげてほしい。子供は本能が強いのだから、無理に嫌いなものを食べさせる必要はないのだ。

年齢を重ねるにつれて、辛味、苦み、酸味を食べていく

大人になると、自分の力で身体を温めるという機能が落ちてくるし、それに伴って体内に老廃物も溜まりやすくなるから、こういった理由で辛味、苦み、酸味のある食べ物を欲するようになるのだ。

食事の際にも、こういうものは、積極的に摂っていったほうがいい。ワサビ、ショウガ、カラシ、トウガラシなどは、大人の身体にとっては非常に優れた健康食になる。

食事をするときに、それがどんなメニューだとしても、こういうものをかけることはできると思う。工夫をしながら、これらの食材とお付合いをしていただきたい。

また、そばや冷ややっこを食べるときにかける薬味も大事である。この薬味も、非常に優れている。私などは、そばを食べるときに、大量の薬味をかける。薬味だけでも、1品のおかずにしたいとさえ思っているくらいだ。

もちろん、こういった味が苦手だと思うのであれば、無理をして食べる必要はないが、年齢を重ねるにつれて、こういうことを意識していきたいと思う。

栄養ドリンクはおススメしない

栄養ドリンクで元気になったような気がする理由

過酷なスケジュールで仕事をしている方も多いと思うが、そんなときに「栄養ドリンクで体力を

回復させている」なんて話を聞くことがある。あくまでも私の意見ではあるが、これはあまりおススメできない。これらのドリンク類は、あくまでもジュース感覚で飲むべきものであって、体力を回復させる目的で飲むものではない。

これに対して、「なぜ？」と疑問を持つ方もいるだろうが、栄養ドリンクには体力を回復させるという効果がないと考えているからだ。栄養ドリングやエナジードリンクなどは、体力を生み出すものではなくて、あくまでも体力の前借りをしているに過ぎない。

こういうドリンクを飲んだ後で、眠気が吹き飛んだり、元気になったような感覚になったりするのは、大量のカフェインと糖分を摂取したことにより、一時的に脳が覚醒したからだ。

一時は元気になったような気になるが、その後でガクッと疲れが襲ってきたなんてことを経験した方もいることだろう。これには、大量の糖分で血糖値を急激に上げたことが関係してくる。人間の身体は、それに反応してインスリンを分泌してバランスを取ろうとするが、インスリンが効きすぎて、今度は血糖値が急激に下がるから、身体が一時的にブドウ糖不足に陥る。

このときに、栄養不足に陥った脳がボーっとしてしまい、眠気が襲ってくるのだ。血糖値を急激に上下させることは、身体にも心にもよくない。

疲れたときは思い切って仕事を休んででも休息をとる

１００万円の貯金があるとしよう。栄養ドリンクを飲めば、追加して計２００万円にできると思うとしたら、これは間違いだ。栄養ドリンクは、100万円の貯金から強引に50万円を引き出したに過ぎない。パワーアップどころか、結局はパワーダウンしていることに気づかなければならない。

仕事をする上でも、身体が資本となる。何事も、元気がなければこなしていくことができない。私は、いつも元気でいることが仕事をする上での絶対条件だと思っている。疲れたお客様のお身体を診るのに、私が疲れていたのでは、お客様の疲れをとることなどできるわけがない。

疲れを感じている場合は、仕事をできるだけ早くに切り上げて帰るようにしているし、夜もすぐに寝てしまう。お酒や食事などのお付合いも、疲れているのであれば迷わずにお断りをする。「付合いの悪い奴だ」などと言われるかもしれないが、そんなことは関係がない。

私にとっては、お付合いよりも、ベストコンディションで仕事をこなすことが最優先であるからだ。そして、何よりも、自身の身体と心を労わること以上に、大切なことはないと思っている。

疲れたときには、きちんと休むこと。解決策はこれしかない。決して、無理はしないことだ。本当に疲れたときには、思い切って仕事を休んででも休息に当てたらどうだろうか。

野菜嫌いでも一流のスポーツ選手になれる

野菜嫌いなスポーツ選手は多い

「健康のために」と生野菜のサラダをたくさん食べている方がいる。確かに、生野菜にはビタミン、ミネラル、食物繊維、酵素など、身体に必要な栄養素が豊富に含まれているが、ここであることを見落としてはいけない。それは、「それが自分の体質に合っているかどうか」という点である。

生野菜を食べて、調子がよく感じられる方はそれでいい。しかし、生野菜が食べられない、おいしく感じられない、食べても調子がよくなる気がしないのであれば、無理して食べる必要はないのではないか。

スポーツ界の一流選手には、野菜嫌いがたくさんいる。野球のイチローさん、落合博満さん、サッカーの中田英寿さん、体操の内村航平さんなどがそうだ。

イチローさんは、野菜が嫌いで、イチローさんの妻は、夫が毎日食べていたカレーライスにさりげなく野菜を入れる工夫をしていたそうだ。

ロンドンオリンピックのとき、内村航平さんは、「好きな食べ物はチョコレートとバナナ」「野菜は見るのも嫌だし、緑の色そのものが嫌い」と言っていた。オリンピックに大好物のブラックサンダー（チョコレート）を3箱（計60個）持参し、選手村の食事にはほとんど手をつけずにマクドナルドを食べていたという。

同じくロンドンオリンピックに出場した柔道の松本薫さんの好物も「アイスクリーム、ポテトチップ」。現に、引退後にはアイスクリーム屋さんを始めている。

中田英寿さんは、「野菜を食べると吐き気を催す」と言って、野菜を全く食べない。現役時代、海外への試合に行く際には、トランクにスナック菓子を大量に詰めて持って行ったらしい。

サラダ以外にも野菜を摂る方法はいくらでもある

生野菜のサラダは、身体を冷やす性質を持っているのだ。動物には本能というものがある。イチローさん、中田さん、内村さんらは、陰性の体質（冷えやすい）だから、身体を冷やすサラダを本能が避けようとしているのだと思う。また、「野菜を摂る」イコール「サラダ」ではない。

これが日本人の先人の知恵であり、日本食の素晴らしさなのだが、身体を冷やす性質の野菜を、身体を温めるものへと生まれ変わらせている品物がある。それは、漬物だ。

漬物は、素晴らしい健康食である。野菜を摂るのであれば、漬物を食べてもいい。また、具沢山のみそ汁、醤油や味噌の鍋に野菜を入れてもいい。これらも、身体を温めてくれる野菜と生まれ変わってくれる。熱を通して、調味料をふった野菜炒めもいい。温野菜もいいだろう。カレーライスに入れてもいい。

それでも野菜が食べたくないのであれば、食べなくてもいいと思う。野菜を食べなくても、健康で長生きしている方はたくさんいるのだから。食べたくないものは、無理して食べる必要はない。

何事も腹八分目ということ

整体に通うタイミングはいつ？

整体に通うタイミングを聞かれることがあるが、この答えは、疲れを感じる前だ。多くの方は、疲れを感じてから、重い腰を上げて整体に通うというパターンになるが、それでは遅い。タイミングは、「まだ大丈夫だ」と思っているとき。実際、施術を受けたお客様が、「まだ大丈夫だと思っていたのですが、身体はすでに疲れていたのですね」とおっしゃることが多い。

本来、整体とは、疲れを感じる前の段階にある身体を、定期的にメンテナンスをして、これからも疲れにくい身体を維持することを目的として行うものなのだ。

これは、身体の病気でも、歯の病気でもそうだが、自覚症状として痛みを感じ始めた頃には、かなり深刻な状態にまで進行している場合が多い。私は、お客様に歯科医院に通うことをすすめているが、それは、あくまでも「歯の痛みが何もない段階で歯科医院に通う」ということ。もちろん、私も定期的に歯科医院に通っているが、それは歯科検診と歯の掃除のためである。

日頃の歯磨きでは限界があるから、定期的に歯科衛生士さんに歯を掃除してもらったほうがいい。また、虫歯なども早期発見ができれば、短期間ですぐに治せる。こうしていれば、そこまでのお金も時間もかからなくて済む。しかし、虫歯が進行してしまっている場合はどうだろうか？　痛みを感じて苦痛になる。それに伴って、お金も時間もかかる。そして、一生ものの財産である自分の歯を失っていくことになってしまうのだから、これは避けたいところだ。

休息をとるべきタイミングは？

日本人には、「頑張り屋さん」が多いと言われている。多くの人が、「自分がやらなくてはいけない」という強い責任感を持っているために、自分の身体や心に限界がきていても、ついつい我慢してやり続けてしまう。そして、ある日、突然、身体を壊してしまったり、心を壊してしまったりする。これはよくない。日本人は、総じて頑張り過ぎなのだ。

ここで重要なポイントを教える。それは、「まだやれる」と思っているうちに休息をとるということだ。身体が疲れを感じたときには、疲労がすでに限界を超えたラインまできている可能性がある。「疲れたな」と感じる前に、仕事を終わらせるとか、遊びをやめて帰宅するとか、休息に向けて動き始めたほうがいい。どんなときでも、無理はしないということを心がけたいものだ。

余談になるが、満腹も同じ。満腹というと、「お腹一杯に食べ物を詰め込んだ状態」と考えている方が多いだろうが、実際には違う。これは、詰め込み過ぎである。身体にとっての満腹は、もっと前の段階にある腹八分目なのだ。身体にとっては腹八分目がベストであり、満腹感を感じるまで食べるということは、もはや限界を超えている。

何事も、まだ大丈夫だと思っているうちに手を打ったほうがいい。これは人生全体にも言えることだ。何でも欲張って、あれもこれもと詰め込んでいくような生き方をしていれば、いつかは許容量を超えてパンクしてしまうだろう。何事も運がよい人は、ガツガツと欲張るようなことはしない。いつも心に余裕があって、すべてにおいて程よいスペースを空けているものだ。仕事も遊びも、人間関係も、腹八分目を心がけるべき。自分の身体も心も、守ってあげられるのは自分しかいないのだから。

第3章

心をやわらかくして、ビジネスを向上させる

忙しいときこそ本気のスイッチが入る

忙しいときこそ優雅に美しく身体を動かす

施術のスケジュールが立て込んできて、忙しくなるときがある。次から次へと施術をしていかなければならないが、私の身体は1つしかない。こういう場合、どうするのか？

いつも以上にゆっくりと身体を動かすことを意識することだ。イメージとしては、優雅に、美しく身体を動かしていく感じでいい。

忙しいからと、せかせかと動いたとしても、短縮できる時間などほんの数秒のことである。身体と心は繋がっているから、焦って身体を動かせば、それに合わせてますます心が乱れていく。「忙しい」という字を見てほしい。「心」を「亡」くすと書いてある。

私は、忙しいという言葉を使わないようにしている。心を亡くした状態で、いい仕事ができるわけがないからだ。以前、繁盛している中華料理店の経営者の方を施術させていただいたのだが、その方が、「俺は忙しいほうが好きなんだよ。集中して仕事ができるから」とおっしゃっていた。

私は、その気持ちがよくわかる。仕事が立て込んでいるときだからこそ、集中力を研ぎ澄ませることができる。そして、こういうときにこそ、自分の能力を飛躍させることができるのだ。どう時間を短縮するのか、どうやって仕事の質を高めるのか、時間に余裕がないからこそ、ここで次のレベルの仕事のこなし方が生み出される。

自分の身体にも、能力にも、ある程度の負荷がかかってきたときにこそ、本気の「スイッチ」が入る。かかってきた負荷を押し返すような形で湧き上がってくるエネルギーこそが、自分をレベルアップさせてくれるのだ。こう考えれば、忙しいときは、むしろチャンスであるとも言える。

どんなときでも冷静さを失わない

私が、１日に10人を施術するとしよう。私にとっては10人の中の１人であるが、お客様にとっては、きょうの施術は１回、そのときしかない。忙しいなどというのは、あくまでもこちら側の都合であって、お客様には関係のないことだ。こちらの勝手な都合で、手抜きをしたような仕事をすることは許されない。

忙しいときほど、仕事を丁寧にゆっくりとやることだ。電話応対も落ち着いてすること。メモはしっかりとること。伝達も忘れない、メールの返信もしっかりとしておく。わずか数秒を短縮しようと焦ることが、致命的なミスを生み出す要因になる。

激しく流れている川に流されているとしよう。ここで、溺れまいとジタバタ身体を動かせば、ますます身体は沈んでいってしまう。こういう場合は、身体の力を抜いて、流れに身を任せることだ。

「忙しい」とジタバタする必要はない。ゆったりと呼吸をして、ゆったりと構える。こうしているだけで、心が落ち着いてくる。なぜ、心が落ち着いてくるのか？　それは、気が整ったからだ。

気を整えれば、大抵のことには対応ができるようになる。

何があっても動じることなく仕事ができる人物は、どんなときでも冷静さを失わない。

何よりも時間を大切にする

ハイクラスな方は時間に投資をする

あるＶＩＰを施術させていただいたときに、この方からこんなお話をお伺いした。

このＶＩＰは、昔、先輩の経営者から「自分で運転をするな。タクシーに乗れ」と言われたという。自分で運転をしたら、その移動時間に仕事ができなくなる。お前の30分間は、何十万円、何百万円の価値がある。つまり、タクシーに乗れば、その移動時間にスマホで電話をしたり、メールの返信をしたり、仕事をすることができる。この時間でも、大きな利益を生み出すことができるだろうということだ。

ハイクラスな方たちが、何よりも大切にするものがある。それは、時間だ。時間は有限であり、決してお金で買い戻すことができない。わずか数分間の商談で、億単位を平気で動かしているような方たちからすれば、たとえ5分間であっても10分間であっても、それが非常に貴重なものになってくる。だから、ハイクラスな方たちは時間に投資をするのだ。

ただ、贅沢をしたいという気持ちだけで、ホテルのスイートルームや、飛行機のファーストクラス、新幹線のグリーン車に乗るわけではない。宿泊をする時間に、移動時間に、少しでも快適な時間を過ごしたい。そこで英気を養いたい。なぜなら、その時間が更なる利益を生み出す仕事に繋がっていくからだ。

絶対に遅刻をしないということ

私は、ＶＩＰを数多く施術してきたが、やはり時間に関しては非常に気を遣っていた。ただ、これは相手がＶＩＰだからというだけの話ではない。誰に対しても、同じようにしなくてはならないのだ。

人生というものは、こうしている1秒1秒も、寿命を終えるその時に近づいている。自分が30分遅刻をすれば、相手の人生の時間を30分無駄にさせたことになる。相手の時間を大切に考えるということは、相手の人生を大切に考えるということだ。だから、遅刻は絶対にすべきではない。

私は、仕事場に入るときに、30分前には到着するように家を出ている。「仕事場へ向かう途中の道が渋滞している可能性がある」「お客様が予約時間の15分前にお見えになるかもしれない」。予想外の出来事が起こったとしても、対応できるだけの精神的な余裕を持っていることが必要だ。どんな仕事でも、遅刻はマズい。1回遅刻しただけで、すべての信用を失ってしまうことだってある。

私は、仕事場に入ってから、ゆったりと仕事着に着替える。手を洗い、うがいをする。施術ベッドの準備をし、そこからパソコンでの仕事をこなしながらお客様を待っている。お客様を大切に考えるのであれば、時間にゆとりをもってお迎えするのは当然のことだ。

施術の世界でも、「施術のレベルは高いけれど時間にルーズな人」というのは、やはり高い評価を得ることができない。スケジュールに余裕を持つことが、余裕を持ったメンタルをつくり上げてくれるのである。

いろんなことに興味を持つ

施術が上手な人は施術を受けることも上手い

施術が上手い人には共通点がある。それは、「施術を受けるのが上手い」ということだ。

自分で受けているときに、「この施術は効くな」「この手技は気持ちがいいな」と自身の身体で繊細に感じることができる。あとは簡単な話で、自分がよいなと思った施術を、そのままお客様にも提供すればいいだけのこと。

私は、休日などに、お客として施術を受けに行くことがある。施術をしていると、自分の身体も疲れてきてしまうから、反対に自分も施術をしてもらわないと身体がもたない。あとは、単純に私自身も施術をしてもらうのが好きということもあるのだが…。

他の方の施術を受ける機会があるときにも、そこで新しい発見がいくつもある。施術を受けていて、その方が上手ければ「あ、この方は上手いな。この施術のこういうところはマネしよう」と思うし、施術がよくなければ、「ここはよくないな。自分ではこういうことをしないように気をつけよう」と思えばいい。

私は、料理に関しては素人だが、料理の世界でも同じではないだろうか？　料理が上手い人は、舌の感覚が鋭い。美味しい料理を食べたときに、「なぜ、これは美味しいのか？」を探ることができる。そして、自身が料理をするときに、それをそのまま活かしていく。

自身の仕事をレベルアップさせるヒントは日常の中にもたくさんある

ただ、これは、施術を受けるときだけに限った話ではない。施術の世界でも、「施術だけをしていればいい」というわけではないからだ。どう宣伝をするか、どう接客をするか、店舗をどうやって運営していくのか、学ばなければならないことはたくさんある。

私は、他業種の方のお身体を施術しながら、いろんなお話を聞くことがあるが、その中にも勉強になる要素がたくさんある。「施術をしているのだから、施術だけを学んでいればいい」と思うのではなくて、広い視野で物事を見ていくということが必要だ。

いろんなことに興味を持ってみる。そして、いろんな知識を吸収する。それらを、自分の仕事にどうやって活かしていくのかを考えてみる。心が緊張していると、どうしても視野が狭くなってしまうから、いつも心の緊張をほぐしておいて、広い視野を持ち続けていたい。

自分に与えられた仕事だけ、自分の部署のことだけを考えるのではなく、会社全体のことも考えてみる。自分の業種だけではなく、他業種のことにも興味を持ってみる。1つのことをいろんな角度から眺めてみれば、様々な発見があると思う。

仕事がマンネリに感じると思っていても、そうやって工夫をしていけば、仕事がおもしろく感じられるのではないだろうか。同じ仕事でも、自分次第では、常に新しい発見を得られるのだ。仕事に、いつも新鮮なトキメキを感じられるのなら、それは素晴らしいことだと思う。

クレームを受けたときの対処法

「とにかく強く押してほしい」というお客様にはどうすればいいのか？

施術をする上で、「とにかく強く押してほしい」というお客様がいる。こういう場合、どうするのか？

私の施術の極意は、「いきなり強くは押さない」ということ。まず、筋肉の表面を優しく刺激していく。ゆるやかに、筋肉に「これから押していくぞ」というサインを送っていく。闇雲に、力一杯押そうとするのではなく、あえて静かな呼吸を意識しながら押していくのだ。

固い筋肉に対して、こちらも力で対抗しようとすると、固さと力のケンカになってしまう。これでは、指の圧がしっかりと筋肉には伝わっていかないし、お客様のお身体を痛めることにも繋がってしまう。

漫画「北斗の拳」にトキというキャラクターが登場する。トキはこう語っている。「激流を制するは静水」。固い筋肉に対しては、あえて静かな刺激で勝負をしていくという手もあるのだ。

お客様が激しく怒っているときはどうすればいいのか？

お客様が激しく怒ってクレームを入れてきた場合、これが使える。

まずは、お客様が怒っているときのテンションを冷静に見つめる。相手のテンションに合わせるように、こちらも「すみません、すみません」などと謝っていたらダメだ。同じテンションシションがぶつかり合っているだけだから、相手の怒りは収まっていかない。

相手のテンションが高ければ、こちらは静かなテンションで謝ることだ。相手の口数が多ければ、こちらは口数を少なくする。相手が身振り手振りを大きくしてきたら、こちらはジッとしたまま動かない。反対に、相手が静かに怒っているのであれば、こちらは少しテンションを上げて謝ってみる。相手の口数が少なければ、こちらは口数を多くして謝る。

「相手の逆をとる」ことを意識していくこと。気を反発させない。気を中和するイメージで、気を和ませるのだ。風船の中の空気をスーッと抜いていくようなイメージで、相手の怒りをスーっと抜いていけばいい。

お客様がお怒りになったときは、とにかく心を落ち着かせることだ。こういうときこそ、自分の心をやわらかくしていかなければならない。まずは、身体のリラックス。少しでも時間があるのなら、温かいお茶を飲むとか、気分を落ち着かせること。一杯のお茶だけでも、気分は大きく変わってくる。身体を動かして体操することもよい。パニックになったときは、身体がガチガチに固くなっているから、その力みを抜いてしまうこと。こうして気分を鎮めるだけでも、冷静に考えられるようになっていく。

私も、今まで何度もお怒りになったお客様と向き合ってきた。ただ、これだけは言えるが、「本当に嫌な人間」というものは滅多にいない。お怒りになるには、それだけの理由があることが多いし、お客様だって人間である。しっかりと話し合えば怒りを鎮めてくださるものだ。

「北風と太陽」作戦でいく

「北風と太陽」作戦

私の行きつけのスーパーには、愛想の悪い店員さんがいた。この店員さんの笑顔は見たことがない。いつもムスッとしたような表情。これだけなら我慢できるのだが、レジでの精算時、私が出したお金をひったくるように取るのだ。これはどういうものかと思っていた。

本人に注意をするとか、このスーパーにクレームの報告をするとか、考えられなくはないのだが、私はここで「北風と太陽」の作戦を行ってみることにした。

私は、この店員さんのことを、「こんなにも愛想がよくて、親切な店員さんは見たことがない」

と思い込むことにした。そして、こちらのほうからそういう接し方をしてみたのだ。

レジにカゴを乗せるときも、微笑みながら「よろしくお願いします」と言う。お金をひったくられるように取られても、笑顔で会釈をする。清算が終わったときには、「ありがとうございました」とお礼を言う。買物に行き、この店員さんがレジの担当になる度に、これをかなり大げさにやり続けた。この結果としてどうなったのか？

店員さんの愛想がよくなってきたのだ。お金もひったくるように取らなくなった。私が笑顔で挨拶すると、少し微笑んで頭を下げてくれるようになった。あのとき、店員さんに「態度が悪い」と注意をしていたら、店員さんの心はますます固くなっていただろう。店員さんは、心も身体も固かったのだと思う。それで、気の巡りが悪かっただけなのだ。

人間というものは、自分に対してよい対応をしてくれる人に対して、こちらも悪い対応で返すということができない。相手の態度が悪ければ、こちらが温かな接し方をしていけばいい。そうしていけば、段々と相手の心はやわらかくなっていく。

愛想の悪いお客様への対応の仕方

私は、態度が悪いなと思うお客様と出会った場合、相手の心をストレッチしてあげるような接し方を心がけている。世の中を見渡しても、根っからの悪人など滅多にいないのだから、お客様の愛想が悪いなら、それ相応の理由があるのではと気楽に考える。

まず、お客様に対して腫れ物に触るような扱いをしない。こちらは、いたって普通にしている。「お客様の愛想が悪い」と思い込んでしまうと、こちらの心まで固くなってしまう。「愛想が悪い」という先入観を抜いて、お客様を見てみれば、「意外と悪い方ではないのかも？」と思えるようになってくるものだ。

だから、私は、愛想が悪い方が嫌いではない。むしろ、こういう方は、意外と素直で、優しかったりする場合が多い。こちらが太陽のような心で相手と向き合ってみれば、それまでは気がつかなかったことがわかるかもしれない。それによって、相手の印象が変わることもあるのだから。ぜひ、太陽のような接し方を心がけていただきたいと思う。

素直に謝るということ

ミスをしてしまったときどうしているか？

人間というものは、誰だってミスをしてしまうものだ。仕事でミスをしたとき、あなたはどうしているだろうか？「あっ、ミスをしてしまった」。こういうときは、気が乱れてしまうから、まずはこの気を整えなくてはならない。解決策としては、すぐに報告すること。そして、素直に謝ることだ。

気が乱れたときには、勢いよく気を巡らせる必要がある。勢いよく報告をして、勢いよく謝ること。

気がスムーズに流れ始めると、思いのほか、事態がスルスルと解決してしまうということがある。反対に、ミスを隠そうとする。ミスに対して、言い訳をする。こういうことはおススメできない。隠すとか、言い訳をするとか、こういうことはさらに気を乱すことに繋がる。これでは事態は解決しないし、自分にとっても、周りにとっても、得することは何もない。

ジャイアント馬場さんから教わったこと

ここで、あるエピソードをご紹介させていただく。1999年に亡くなったプロレスラー、ジャイアント馬場さん。2メートル9センチの日本人離れをした体格を誇り、かつては「日本で1番有名なプロレスラー」と呼ばれていた。もう1人、プロレスラーの大仁田厚さん。大仁田さんは政治家として活躍していたこともある。

昔、大仁田さんは、馬場さんの付き人を務めていた。大仁田さんは、付き人時代、興行に向かう途中で、馬場さんが試合で着用するはずだった赤いパンツを忘れたことがあった。困った大仁田さんは、同じ会場に赤いパンツを履く身長2メートルの外国人選手がいたことを思い出し、この選手の控室に忍び込んでパンツを盗んでしまう。

馬場さんは、そのパンツで試合には勝ったものの、何かおかしいと気づき、「このパンツは俺のか？」と尋ねた。大仁田さんは、「外国人選手から借りてきました」と嘘をついたが、馬場さんはこの嘘を即座に見破り、「馬鹿野郎、貸すわけがないだろう」と怒鳴って、大仁田さんに張り手を食らわせた。そして、洗濯してから返すように命じ、そこから3日間はまったく口をきいてくれなかったのだという。

その後、別の興行で、大仁田さんはまたしても馬場さんのスーツのズボンを忘れるというミスを冒してしまう。今度こそは正直に言おう。大仁田さんは馬場さんにこのことを話し、素直に謝った。すると、馬場さんは全く怒らずに、興行中の約1か月をスーツの上着に、赤のジャージのズボンという姿で通したそうだ。

スーツの上着に対して、ジャージのズボンなどおかしな格好である。しかし、馬場さんは、正直に謝ってきた大仁田さんを評価した。だからこそ、何も言わずにジャージのズボンを履いてくれたのだ。

ミスは、誰にでもある。肝心なのは、ミスをした後でどうするかだ。ミスをしたとしても、その後で挽回する機会はいくらでもある。ミスをしたときは、素直に謝ればいい。

自分のやることに集中する

嫉妬の気持ちは湧き上がってこないのか?

私が身体を診ていたJリーグの選手・GK（ゴールキーパー）は、そのシーズンをスタメンではなく、ベンチを温める控え選手の立場で過ごしていた。選手である以上、誰だって試合には出たい。

しかし、ＧＫとして試合に出られるのは1名だけだ。チームには、同じポジションの選手が数名いる。同じチームの仲間ではあるが、同時にそれはライバル関係でもある。

「私が選手の立場だったら？」とイメージする。もし、自分が試合に出ていないのであれば、試合に出ている選手のことをどう思うだろうか。そこに、嫉妬の気持ちが湧き上がってくるのではないか。あるとき、そんなことを選手に聞いたことがある。「試合に出ている選手と、出られない選手、仲が悪くなったりはしないのか？」と。

すると、選手は、こう答えた。「いや、普通に話もしますし、仲が悪いとかはないですよ。自分が試合に出られなくて、試合に出ている選手のことを嫌いだとか思うようになったら、そのときはもう選手としては終わっていると思います」。

こういう場合、選手には2つの選択肢がある。1つは、自分が試合で使ってもらえそうなチームへの移籍を考える。もう1つは、同じチーム内で、スタメン争いの勝負をする。いずれにしても、やることは決まっている。試合に出るために、そして試合に出たときに活躍できるように、万全の準備をしていくことだけだ。

自分のやることに集中をする

これは、多くの仕事の世界において、同じことが言えるのではないだろうか？「同期が先に出世をしていった」「後輩に先を越された」「同僚が自分よりも優遇されている」。こういうこともあるだろう。正直に言えば、おもしろくないと感じると思う。しかし、だからといって、その人のことを悪く思ってしまうのであれば、厳しいようだが社会人としては終わっているのかもしれない。

自分が今、しなければならないことは何か。先を越された人に対しての嫉妬に執念を燃やすことか？　違うだろう。自分の仕事に集中をすることだ。もし、現在の仕事の環境において活躍できる場がないのであれば、選択肢はいくつかある。今の環境に残り、そこでさらに勝負をするのか。自ら起業をするのか。違う会社へと転職するのか。また、別の業種へと移ってチャレンジしていくのか。

いずれにしても、嫉妬の気持ちに駆られて、心を固まらせている場合ではない。こういうときにこそ、心を柔軟にして、更なる高みを目指していくべきではないのか。

一見、華やかに見えるプロスポーツの世界も、実際には過酷な生存競争の連続で成り立っているのだ。来年、再来年の保障が何もない中で、食うか、食われるか、その勝負をずっとしているのである。人のことになど気を散らしている場合ではない。自分のことに集中をする。やるべきことをやる。それしかない。

相手の話をしっかりと聞く

相手の話を引き出していくということ

「話すことの2倍、人から聞くべきである」――これは、古代ギリシャの政治家、デモステネスの言葉だ。この言葉には、自分のことばかり喋りたがる人に対して、「そんなことでは、人から相手にされませんよ」という意味が含まれているのだと思う。

自分のことばかり話す人よりも、相手の話をきちんと聞ける人のほうがはるかに好まれる。「話し上手は聞き上手」とも言われていて、意識的に聞き役に回ることができる人がいると、会話の場面や人間関係をうまく発展させることができる。

テレビのトーク番組などを想像してほしい。出演者の話がおもしろいなと思ったとき、それを話している人と、それを引き出している人、どちらのほうのレベルが高いと思うだろうか？　こういう場合、話している人が目立つだろうが、実際にその場の指揮をとっているのは話を引き出している側だ。

私は、施術中に、お客様とお話をする機会があるのだが、まずはお客様のお話に耳を傾けるようにしている。お客様が「とにかく自分のことを話したい」というタイプであれば、ひらすら聞き役に回るだけ。私自身の話は一切しない。「人の話を聞かずに、とにかく自分のことばかりを話したがる」という人がいるが、こういう人はおそらく心に余裕がないのだと思う。話をしたいという人がいれば、とにかく話を聞いてあげればいい。

自分が取材記者になったつもりで相手の話を聞く

一流の施術者は、カウンセリングが上手い。お客様のお身体のお悩み、ご要望をきちんと聞き出すことができる。

施術をする上では、特に初回のカウンセリングが重要になる。お客様とのカウンセリングにおいて、今後の施術の流れを相談して、ご納得をいただく。この信頼関係を築けるかどうかが、その後のすべてを決めるといっていい。

これは、いろんな仕事にも言えるのではないだろうか。施術の世界でも、施術だけが上手ければ、それだけで十分な評価を得られるわけではない。

施術以前の問題で、お客様が心地よくお話ができる雰囲気をつくり、相手の話をうまく引き出していくということも、大切な仕事なのである。

仕事をする上では、相手の話を聞かなくてはならない場面が多くあるが、こういうときに使えるテクニックをお教えしよう。それは、「自分が取材記者になったつもり」で相手の話を聞くということだ。

きちんと取材をしなければ、文章が書けない。そう思えば相手の話をしっかりと聞くことができる。質問も出てくる。ノートにメモをとってもいい。すると相手は、「これは熱心に話を聞いているな」と好印象を持つ。取材となったら、相手の話を聞くことに集中するから、そこに苦痛は感じない。

実際に、「自分の話を聞いてほしい」と思っている人は多い。こういうとき、自分も「話を聞いてほしい」と思っていれば、相手とぶつかってしまう。これでは、相手との間に流れる気もぶつかることになるから、お互いにストレスになってしまうだろう。相手の話を、うまく受けとめてあげられる姿勢を持つことが、自身のストレスを溜めないということに役立つのである。

相手の脳にインパクトを残す

施術はあちこちに手を出さずに１箇所を徹底的に改善させたほうがいい

施術の世界には、「首も肩も腰も痛い」と、複数の箇所の不具合を訴えてくるお客様がいる。普通に考えれば、リクエストがあった箇所、首も肩も腰もすべてを施術して改善させることがよいと思うのではないだろうか。

しかし、実際の施術の世界では、これが必ずしもベストの施術になるとは限らない。身体のあちこちを施術すれば、脳も身体も疲れてしまう。そして、１つひとつの部位の反応が鈍くなる。「きょうは首を施術します」と言って、首だけを徹底的に改善させる。お客様が「あぁ、首が楽になった」と喜んでくださったら、「きょうはこれで終わります。次回は肩を施術しますね」と言って、その日の施術はこれで終わらせたほうがいい。

施術を受けている人間の脳は、複数の箇所を70点という施術をよりも、１箇所だけしか施術をしないが、そこが１００点満点ということのほうにインパクトを感じる。

身体が改善していく上では、脳のインパクトという要素が大きい。「すごい施術を受けた」「すごく楽になった」、脳がこういった感動を覚えれば、全身に「身体がよくなるぞ」という信号を送り始める。この結果として、身体が劇的に改善していくのだ。

相手の脳にインパクトを与えるために1箇所の100点満点を狙うこと

以前、あるお客様との会話の中で、「手相占い」の話題になったことがある。この方は、手相占いの中の「生命線」について、かなりマニアックなレベルのお話を聞かせてくださった。私は感心して、「この方は占いのプロフェッショナルなのだろうな」と思っていたら、驚くべきことに実際は違ったのだ。

この方は、他の占いのことをほとんど知らない。手相占いさえも、そこまで詳しくはないらしい。ただ、生命線のことだけは詳しく知っているという、それだけのことだったのだ。

上司から3つの仕事を頼まれたとする。そつなく3つをこなすということもよいだろうが、その中の1つに集中して、1つの100点満点を狙ってみたらどうだろうか。相手の脳は、複数の70点よりも、1つの100点満点にインパクトを感じる。1つの100点満点を与えれば、「おぉ、仕事ができるな」とお褒めの言葉をもらえるかもしれない。

営業を始めたばかりであれば、自社の商材のうち、まずは1つの商材を徹底的に勉強してみること。その掘り下げた知識を、お客様の前で披露してみればいい。他のことについてはまだでも、「この人は商材に関して知識がある人だな」と思わせることができる。

すべてにおいて100点満点を狙う必要はない。すべてで満点など、どれほどの達人であっても難しい。自分にプレッシャーをかけて、メンタルを委縮させてはダメだ。勝負は、相手の脳にインパクトを与えられるかどうか。焦ることはない。１回につき、１つの１００点満点。それを繰り返していけばいい。

お粗末な手紙だとしても続けること

メールではなく手紙を出すということ

忘れられないお客様がいる。昔、某大学教授の先生のお身体を施術させていただいたことがある。その先生は、自分の気持ちを表に出すことが苦手なようで、私との会話を楽しんでくださっていたようなのだが、表情や言葉にそれが表れてくることが少なかった。

数日後、その先生からお手紙が届いた。達筆でしっかりと書いてくださっていた。「楽しい時間をありがとう」という内容だった。私は、お手紙を拝見して、素直に感動したことを覚えている。

ビジネスにおいても、自分の言葉で伝えるのが苦手であれば、お手紙やお礼状を書いてみればいいのではないだろうか。名刺をいただけば、そこにはメールアドレスも書いてあるが、住所も記載されているはずである。インターネットが当たり前となった今でも、あえてお手紙を出すということには意味がある。やはり、メールなどの電子文字よりも、手書きの文字のほうがずっと気持ちが伝わる。

私の手紙は粗末なものではあるが

私も手紙を書くことがある。しかし、私が書く手紙といったら、恥ずかしながら人様に自慢できるようなものではない。他の方からいただいたお手紙を見ると、いつも「すごいな」と感心させられる。というもの、皆さんの手紙は、私が書く手紙よりもレベルが高いからだ。

私の手紙は、１００均で買った縦長の封筒（それなりの量が入っているシンプルなもの）と、これまた１００均で買った便せん。切手は値上がりしたりするから、買いだめはしない。手紙を直接郵便局に出しに行って、そこで切手代を支払う。

何より、書く文字が悪筆なのだ。丁寧な文字を延々と書いてしまうと肩が凝ってしまうから、丁寧な文字を書くことが苦手。

もちろん、私にだって多少の美的センスはある。綺麗な封筒、便せん、切手もオシャレなものを選んだほうがいいということはわかっている。文字も、綺麗なほうがいいに決まっている。しかし、どうしても、それを「面倒」に感じてしまうのだ。

手紙を出す相手のことを考えれば、綺麗にしたほうがいいのだが、それよりも面倒な気持ちが勝ってしまうから、相手の方にはご勘弁いただくことにして、自分のスタイルを貫いている。

一番よくないと思うのは、面倒だと思って書かなくなることだ。お粗末な手紙ではあるが、こういう手紙なら私は気持ちよく書くことができるし、手紙を出すことを続けられる。私なりに、気持ちを込めて書いているのだから、その気持ちは伝わっていると思う。

ストレスを感じてまで、丁寧さにこだわることはないのではないだろうか。ストレスなく、続けることが大事だと思っている。

力を抜くということ

世界最高峰のストライカー、メッシ選手のすごさ

サッカー界における世界最高峰のストライカー、バルセロナに所属するメッシ選手の全盛期を、スタジアムの観客席から生で観戦したことがある。そのとき、ピッチの上でメッシ選手がどう動いているのかを、試合の90分間に渡ってじっくりと観察することができた。

ここで、驚くべき光景を目撃することになるのだが、メッシ選手は試合時間のほとんどを、タラタラと歩いているだけで終わらせていたのだ。しかし、その日のゲームでも、メッシ選手は世界最高峰のストライカーであることをしっかりと見せつけた。なぜなら、１人で２得点を叩き出したからだ。

メッシ選手のすごさは、その動きのメリハリにある。タラタラと歩いていながら、勝負どころと見るや、一気にギアを上げる。ハーフに位置する選手たちとの連動の中で、全く無駄のない動きを見せながら、あっという間にゴールシーンをつくり上げてしまうのだ。

どれだけ体力がある選手だとしても、90分間をがむしゃらに走り続けていれば、肉体的な負担は

大きくなる。長いシーズをタフな日程でこなすという生活を、何年にも渡って続けていくためには、「どうやって動き続けるか」ということよりも、「どこで力を抜くか」という要素のほうが大きくなってくるのだと思う。

長年に渡って、大きなケガをすることもなく、安定したパフォーマンスを発揮し続けるためには、いかに「無駄な体力を使わないか」ということが大事なのだ。

勝負どころを見極める能力

これは、施術の世界も同じである。施術時間が60分だとして、これを1日に何本もこなさなければならないとしよう。このすべての時間において全力投球をしていれば、さすがに体力がもたなくなってしまう。どこで力を入れて、どこで力を抜くのか。このオンとオフを使い分ける能力が必要になってくるのだ。

他のビジネスの世界でも同じことが言えるのではないだろうか。私が見てきた、仕事ができる方たちは、総じて「力の抜き加減」が上手かった。力を抜くことが上手な方は、仕事の現場にいながらも、勝負どころを見極めることができている。

手を抜いていいところでは、手を抜く。そして、勝負どころとなれば、爆発的な集中力を発揮して一気に仕事を片づけていく。優れた経営者や、優れた幹部は、この部分は部下に任せて、この部分は自分がやるという判断が上手い。そして、仕事を部下に任せながら、自分はひっそりと力を抜いてリフレッシュしているものである。

自分では、大して仕事をしていないように見せながら、しっかりと現場を管理できている上司がいる場合、「上司はちっとも仕事をしてくれない」などとぼやく前に、その仕事術を観察してみればいい。どこでどう力を入れて、どう力を抜いているのか。どうやって部下に仕事を振り分けているのか。

「力を抜く」ということは悪いことではない。むしろ、必要なことなのだ。これは、心のストレッチには欠かせない能力である。

人の美点を探す

妻の美点を１００個挙げる

昔、とあるセミナーに参加していたときに、そこで講師を務めていた経営者の方がこんなエピソードを語ってくださった。

経営者として仕事がうまくいかなくなったことがあった。当時は仕事をこなすのに精一杯で、自分の生活はおろか家庭のことも全く顧みる余裕がなかった。そんなときに、ふと妻へのプロポーズの言葉を思い出すことがあった。「一緒に人生を歩んでいこう」。ハッとした。何だ、ちっともできていないじゃないか。

ここであることを始めることにする。「夕食のときにテレビを消して妻と会話をする」。たったこれだけのこと。しかし、ここで不思議なことが起こり始める。傾いていた仕事が、そこから挽回するかのように上向くようになってきたのだ。

仕事以前に、人生の土台となるのは家庭である。その家庭を安定させなければ、何事もうまくいくはずがない。そこに気がついた。そして、新たにこんなことも始めてみた。「妻の美点を100個挙げる」。

小さな手帳に、妻の美点を思いつく度にメモをしていった。「料理がうまい」、「いつも掃除をしてくれるから家がきれいだ」。1つひとつ書いていって、ついに100個が完成した頃、さらに仕事を飛躍させるような大きなチャンスが舞い込んできた。

お客様の幸せを願うということ

「人の美点を探す」。この行為は、まさに心のストレッチには最適なのである。「この人のこんなところがいいな」と思う。それで心が1つほぐれる。1つ探せば、1つほぐれる。100個探せば、100個分がほぐれていく。

私は、もともと人が好きなのかもしれないが、お客様のよいところを探すクセがついている。「あっ、こんなところがいいな」と思う。それで、私の中でのお客様の印象がよくなる。

施術というものは、お客様のお身体を改善するために行うものだ。お客様に対して、よい印象を持っていなければ、よい施術などできるわけがない。心の底から、「このお客様のお身体を何とか改善させたい」と思えるからこそ、そこには大きな「気」が入っていく。そして、最高の施術を提供することができるというわけだ。

これは、何の仕事でも同じではないだろうか。大きく言えば、「お客様の幸せを願う」ということだ。こういう気持を持つことができるかどうか。相手の幸せを願うからこそ、相手のためにと心を込めて仕事をすることができる。

普段の生活の中でも、「人の美点を探す」という習慣を持ってみたらどうだろうか。こういう習慣を持ってみると、自分の心がどんどん豊かになっていくことに気がつくと思う。豊かな心で仕事と向き合うことができれば、いつも笑顔でいられるだろう。

メモをとる習慣を持つ

絶対に取りこぼさないという集中力を持つこと

施術のセミナーに参加する場合、何万円、中には数十万円というセミナーがある。学校に通うにしても学費は高額だ。技術を学ぶということには、それだけお金がかかる。

ただ、こちらが支払うお金に比例して、懇切丁寧に教えてもらえるかといえば、それがそうとは限らない。サーっと流すように教えて、それで終わりというセミナーもたくさんある。だからこそ、学ぶときには、「集中して内容を取りこぼさない」という姿勢が求められるのだ。1回のセミナーで、最低でも1つは完全に自分のものにする。そういう強い気持ちが必要になる。

同じ10万円のセミナーに参加して10万円分の価値をしっかりと学んで帰る人と、10万円をドブに捨てたかのように、全く学ぶことなく帰らなくてはならない人に分かれるのは、まさにこの「取りこぼさないという集中力」があるかどうかにかかっている。

私がセミナーに参加するときには、その事前の準備として、心身共にコンディションを整えることを意識している。コンディションを整えなければ、集中力を持続できないからだ。

あなたはメモをとるという習慣を持っているだろうか

私は、今までに大物経営者を数多く施術させていただいてきた。そういう方たちを見ていて、ある共通点を発見した。それは、何かあればすぐにメモ帳に書き留めるということだ。

スーツの胸ポケットには、常にメモ帳が入っている。人と話をしていても、ピンとくるものがあれば、さっとメモ帳を取り出してメモをとる。プライベートのときには、スマホにメモを残す。

大物経営者は、自身がステップアップすることに対して非常に貪欲である。「よいところはすぐに取り入れる」、この瞬発力が突き抜けているからこそ、群衆の中から飛び抜けることができるのだ。

自身を向上させる上で、ヒントとなる話やアイデアはいつやってくるかわからない。そして、せっかくそのチャンスがやってきても、忘れてしまったのではもったいない。だからこそ、忘れないようにとメモをとることを習慣にしている。

先ほど、セミナーで10万円という例を出したが、もしかしたら100万円、1，000万円にも繋がるようなヒントが何気ない会話の中に潜んでいるかもしれない。何気なく本を読んでいるときに、何気なくつけたテレビ番組の中に、お金では勘定できないような大きなヒントが隠れているかもしれないのだ。

何の世界でも、一流の人間には集中力がある。一流の人間は、自身のコンディションを整えることを大事にするが、その中にはこういった意味合いも含まれているのではないかと思う。身体はもちろんのこと、心のコンディションもきちんと整えておくこと。

高い集中力を発揮できるようなコンディションづくりをいつも意識しておきたいと思う。

目の前の仕事を全力でこなす

チャンスは目に見える形でやってくるとは限らない

昔、ある男性のお身体を施術させていただいた。この方は、「息子が高校野球をやっている」とおっしゃっていた。そんなことは忘れていたある日、いきなり私の元に高校野球の強豪校の選手が2人で「施術をお願いします」とやってきた。「どうして私のことを知っているのか？」と尋ねたら、そのうちの1人が、「前、親父が先生に診てもらって、腕の確かな先生だからお前も診てもらえって、そう言われたからきました」と。

私はピンときた。あのときの男性が、高校野球をやっている息子に、私のことを推薦してくださったのだ。そして、息子が同じ部の仲間を誘って、私のところにやってきてくれた。このときにきた2人の選手のうち、1人はその野球部の主将だったのだが、この年の暮れに彼は大きな賞を受賞することになる。長野県高校野球連盟では毎年、県内の高校野球の選手たちの中で「優秀選手」を選出するのだが、この年はこの主将が優秀選手に選出されることになったのだ。

あのときの私は、強豪校の選手のお父さんだからといって、何も特別なことをしたわけではない。「息子さんに私のことを推薦してほしい」などと下心があったわけでもない。他のお客様と同様に、普段どおりの施術をさせていただいただけだ。

私がプロアスリートや著名人とのご縁をいただいてきたキッカケの中には、こういう「推薦」というパターンが多い。以前、ある女性のお身体を施術したときに、この女性が私の施術を気に入ってくださった。これは後で知ることになるのだが、この女性の彼氏がJリーガーだったのだ。女性が私の施術を気に入ってくださり、その流れで、彼氏であるJリーガーに私のことを推薦してくださったことで、そのJリーガーの施術を担当することになったということもある。

いつも自分の仕事への姿勢は試されている

「相手が有力者だから一生懸命な接客をする。そうでなければ、それなりの仕事をしてもいいかな」

などと、相手によって態度を変えるようなことをしてはいけない。チャンスというものは、ハッキリと目に見える形でやってくるとは限らない。その他大勢に紛れて、ひっそりとやってくるということだってあるのだ。

数多くのチャンスをつかんでいける人というのは、目の前のことを1つひとつ誠実にこなしていける人だ。1つひとつを誠実にこなしていくからこそ、その中にひっそりと紛れてやってきたチャンスをしっかりとつかむことができる。

いつも、自分の仕事に対しての姿勢は試されていると思っていい。自らを正してこそ、よいご縁を引きつけることができるということを、いつも頭の片隅に置いておく必要がある。

ひと昔前に比べれば、現在は転職をする方が増えている。社会のために、そして自己実現のためにと、自身の能力を最大限発揮できるような環境を選ぶということは大事だと思う。しかし、仮に、自己の言動を顧みずに、職場の不平不満ばかりを口にし、転職を繰り返す人がいたら、どう思うだろうか。不平不満を言いたくなるような環境ばかりを引き寄せてしまうのであれば、まず自分自身が変わらなくてはならない。チャンスを引き寄せられる磁石を持つためには、やるべきことをやっていくしかない。

自分の仕事に対して、信念を持つこと。そして、いつも目の前の仕事にベストを尽くすことだ。世の中は、誰と誰がどう繋がっているのかなんてわからない。何気なく出会った人から、予想もできないような大きなチャンスが舞い込んでくるということだってあるのだから。

日々の小さな積重ねを大事にすること

「チャンスの女神は前髪しかない」と言われている。チャンスは突然やってきて、すぐに去っていってしまうものなのだ。チャンスに気づけなかったり、気づいても動き出すのが遅れてしまえば、チャンスをつかむことは難しくなってしまう。チャンスをつかむための準備として大事になるのは、きちんと目標を定めておくということだ。自分がこうなりたいというビジョンを、しっかりと固めておくこと。

今、本書から目を離して、目の前に見えている景色を眺めてみてほしい。部屋の中でも、会社の中でも、どこでも構わない。そして、「赤色を探す」と口に出してみよう。口に出した瞬間に、脳は視界の中にある赤色のものに対して急激なスピードで反応していくから、赤色のものがすぐに見つかるはずだ。何も考えずに生きているのと、自分の目標を定めた上で生きているのとでは、見える世界が大きく変わってくる。

まずは、チャンスにすぐ反応ができるように、心も身体も整えておくことを意識しよう。心が凝り固まっていたら、チャンスに対しての反応が鈍くなってしまう。また、健康な身体を維持していくためにも、日々の生活を大事にしたい。衣食住を丁寧に整えて、質の高い睡眠を摂ること。自分の時間を少しでも確保して、いつも心に余裕を持っていること。1日1日を自分にとって心地よいものにしていくという意識が、いつやってくるかわからないチャンスをつかむためには必要なのだ。

日々の小さな積重ねを大事にしながら、いつもアンテナを張って、チャンスに備えるようにしていきたいものである。

第4章

心をやわらかくする生き方のコツ

かけた情けは水に流せ

いただいた施術料以上の価値のある施術を提供する

施術料が5，000円だとする。ここで意識しなければならないことは、「いただいたお金以上の価値のある施術を提供する」ということだ。5，000円をいただいて、8，000円の価値がある施術を提供した。すると、お客様は3，000円の得をしたことになる。

では、施術した私は、3，000円分の損をしたことになるのだろうか？　そんなことにはならないから安心してほしい。この3，000円分は、宇宙に貯金される。そして、それが何倍にもなって自分の元に返ってくるのだ。

「かけた情けは水に流せ」の本当の意味

あなたは、誰かに何かを与えたとして、その相手からのお返しを期待するだろうか？　断言するが、お返しを期待する必要はない。

宇宙は、波動（エネルギー）でできている。よいエネルギーを放てば、それは必ず自分に返ってくる。宇宙は真空状態を嫌う。エネルギーの法則で、1つのスペースができれば、それを埋めるべく新しいものが入ってくるようになっているのだ。

ここで秘伝をお教えしよう。仮に相手に10を与えたとする。これに対して相手から10のお返しをもらってしまえばプラスマイナスで０。これでは与えた価値は薄れてしまう。私なら「お返しはしないでほしい」と断固として遠慮する。なぜって？　相手からお返しをもらわなければ、その与えた10が20にも30にもなって、全く別のところから返ってくるからだ。

「金の斧　銀の斧」の話を思い出してほしい。金の斧と銀の斧をもらうことを遠慮したからこそ、自分の斧も含めた３本をもらうことができたのだ。宇宙の法則はこうできている。だから、「お返しが返ってこないのではないか？」などと心配する必要はない。私の場合、相手がお返しをしようとしてきたら、内心では「余計なことをしないでくれ。私はその何倍ものお返しがほしいのだから」と思ってしまう。

親切は、偽善で行ってもいい。宇宙に対してたっぷりと見返りを求めた上でやっていいのだ。「あれだけやってあげたのに、あの人からは何のお返しもない」なんて怒っていたらもったいない。心も固くなる上に、何の見返りもなくなってしまうのがオチ。

人間というものは、自分にとって都合のいいことは覚えていて、都合の悪いことは忘れてしまうというところがある。人に対して、「あれだけやってあげた」と思うかもしれないが、自分だって人からたくさん親切をいただいてきているものなのだ。人にしたことは、すぐに忘れてしまったほうがいい。

本当に欲深くて、本当に賢いやり方とは、「金の斧　銀の斧」のように振る舞うことなのである。

見返りを求めない、そういう人物のところに幸運はやってきてくれる。

受けた恩は石に刻め

「遠慮することはないよ。すぐに忘れていいから」

前項には続きがある。「かけた情けは水に流せ　受けた恩は石に刻め」。これが完成形なのだ。

昔、私がホテルで施術をしていたときに出会ったお客様で、忘れられない方がいる。この方は、物静かな方だった。あまりお話にならない。だから、私は、この方の素性などをお伺いしなかった。黙ったまま、私の施術を受けていらっしゃった。そして、施術が終わったときに、施術料とは別にチップをくださった。

そのときに、こうおっしゃったのだ。「遠慮することはないよ。私は、勝手にこれを渡しただけなのだから。あなたはこれを受け取ったことを、すぐに忘れていいから」。

この方は、聡明な雰囲気をお持ちだった。感情をあまり表には出さない。しかし、温かな、お優しいお気持ちが伝わってきた。私の勘だが、おそらくＶＩＰだと思う。

この方のお部屋を出てからも、その後も、ずっと余韻が残っていた。私が、この方の立場だったらどうだろうか。チップを渡したとして、その相手に「すぐに忘れていいから」と言えるだろうか。この方が、「かけた情けは水に流した」のだから、私は「受けた恩は石に刻んでおこう」と思った。

この方のお気持ちと、この言葉を決して忘れない。

ありがとうの反対はなんだと思う？

受けた恩は石に刻む。これもまた、運をよくする方法である。心をストレッチする上で、最強の感情は「感謝」なのだ。心にいつも感謝の気持ちがある人は、そのとおりに最強となる。

昔、大物経営者の方を施術させていただいたときに、こんな問いを投げかけられた。「ありがとうの反対って、何だと思う？」。私は答えに詰まった。素直に「わかりません」と答えると、こう教えてくださった。「ありがとうの反対は、当たり前だよ」。

当たり前だと思った瞬間に、そこには何の感動も生まれなくなる。生きていること、健康であること、友達がいること、仕事があること、恋人がいること。これらを当たり前と思えば、生活のあらゆる場面で心が固くなっていってしまう。反対に、そこに感謝の気持ちを持てるのであれば、生活の中に心がほぐれる場面が数多くやってくることになるだろう。

世界中の言語の中でも、「ありがとうございます」という言葉は最強であるという話を聞いたことがある。それだけ「日本語で感謝を伝える行為」というものは素晴らしいのだろう。心が固くなってきたときには、日常の中で「ありがとう」を探してみればいい。きっと、そこから何かのキッカケが生まれてくるはずだ。

心をゆるめて生活ができている人は、日常の中で「ありがとう」を見つけることが上手なのだと思う。「ありがとうございます」という言葉をたくさん聞ける環境で、生活をしていきたいものだ。「ありがとうございます」と自分の口で言う、「ありがとうございます」と自分の耳で聞く。これは大事なことである。

「謙虚」の本当の意味

自分が出世したいのであれば周りを出世させなさい

誰もが知っている大企業の社長のお身体を施術させていただいたときに、お話をお伺いした。社長は、こうおっしゃった。「会長や社長になりたいと言って、自分からなった人はいないんだよ」。なぜ、社長になれたのか？　それは、次期社長を決めるときに、役員たちが自分を推薦してくれたからだ。自分の力だけで社長になれるわけではない。役員が、部下たちが、自分を押し上げてくれた結果なのだ。

自分が出世したいと思うのであれば、部下たちを出世させなさい。下の人間たちが次々に出世していけば、自分のいる場所がなくなる。そうなれば、自然と自分が出世する。そして、役員たちを出世させなさい。役員たちを出世させれば、自分が引き上げてもらえるようになる。

「自分が出世したい」。この「が」を取りなさい。自分「が」ではなく、周りを出世させなさい。自分が出世できたら、「自分の力で出世ができた」などと思わないこと。周りのおかげなのだから、周りへの感謝を忘れてはいけない。

ここから数年後、この方は、更に出世をして会長の座に就いた。現在も、日本の経済界に名を轟かせている超大物だ。

傲慢と謙虚との違いとは？

謙虚さは大事である。もちろん、私もそう思う。ただ、この「謙虚」という言葉の意味を履き違えている方が多いように感じる。

謙虚とは、「実際の自分の実力に対して、それよりも小さく見せること」。この時点でハッキリさせる。不正解だ。出る杭は打たれるから、打たれないように目立たなくしておく？　でも、これをやっていてよいことがあるだろうか。

謙虚の本当の意味は、「自分が築き上げてきたものに対して、周りの方たちのおかげであると感謝できる」ことを言う。

築き上げたものを、自分だけの力でやったと思うことを「傲慢」。築き上げたものを、自分の力とともに、周りの方たちのおかげと思うことを「謙虚」。

だから、謙虚とは、自分を小さく見せるということではないのだ。仕事の世界においても、プロとして仕事をするのであれば、自信を持ってやらなくてはならない。お客様や上司からお褒めの言葉をいただいたときには、堂々と「ありがとうございます」と言えばいい。謙虚、イコール感謝なのだ。感謝の気持ちを持っていれば、それだけで十分である。

自分を小さく見せようなどと考えていれば、どんどん心が小さくなっていくだけだ。こんなことをしていても、自分の心に気を巡らせることはできない。心を広く持つために必要なことは、自分に自信を持つことと、周りへの感謝である。

他人の顔色は気にしない

新しいお客様を見つけようとしてはダメだ

以前、大手企業の役員を務めていらっしゃる方のお身体を施術させていただいたときに、こんなお話をお伺いした。「新規顧客を開拓していくときには、新しいお客様を見つけようという気持ちではダメだよ。反対なんだよ。自分のお客にはならない人を、どんどんと消していく作業なんだから」。私は、このことをお伺いしたときにハッとした。確かに、そのとおりだと思った。

これは、施術の世界でも同じなのだ。施術をさせていただいた人、全員から好かれようと思ってもそれは不可能だし、全員から好かれようとする施術をしていても、結局は誰にもインパクトを残せないまま終わってしまうだけだ。

それなら、自分の施術を迷うことなく提供していけばいい。それが気に入らない人は去っていくだろうが、それならそれで構わない。自分の施術を気に入ってくださる方を見つけていくというよりも、施術を気に入ってくださらない方をどんどん振り分けていくという気持ちでいいのだ。

言いたいことを言わなくても嫌われる可能性がある

ついつい他人の顔色を気にしてしまう人がいる。「何か失礼なことを言ってしまったのではないか」「この人は、いったい何を考えているのだろうか」。しかし、こんなことをいちいち気にしていたら心が疲れていってしまうだろう。

相手の気持ちを正しく読み取らなければ正しい対応はできないから、ある程度は気を遣うことも必要だと思う。しかし、相手が何を考えているのかなんて、他人が１００％把握することなどできるのだろうか？　専門的な勉強をすれば、相手のしぐさや表情、声色などから心理を読み取るということもできるだろうが、多くの人には無理なことだと思う。

「こんなことを言ったら、相手はどう思うのだろうか？　嫌われてしまうのではないか？」などと不安になって、結局は言えないままで終わらせてしまう。言いたいことを言えなければ、どんどんと心にストレスが溜まっていく。心が固くなっていく一方である。

「相手がどう思っているのか」よりも、「自分がどう思っているのか」を優先すべきだ。相手が何を考えているのかなんて、他人である自分にはわからない。しかし、自分が何を考えているのかは確実にわかる。

相手の感情をコントロールすることなどできないのだから、そこを気にしていても仕方がない。

まずは、自分が思っていることをハッキリと伝える。伝えた後で相手が何を感じて、どう動くのか。それは相手の自由であって、自分が管理する領域ではない。

考えてみてほしい。言いたいことを言わずに、黙ったまま溜め込んでいる人がいたらどう思うだろうか？「黙っていないで、言いたいことをハッキリと言ってくれ」と思わないだろうか？

言いたいことを言って嫌われることもあるだろうが、言いたいことを言わずに黙っていたって嫌われるのだ。どのみち嫌われる可能性があるのだから、それなら他人の顔色など気にしないほうがいい。

多少の不義理をしてもいい

人間関係を維持することに疲れたら？

ネットの発達により、知合いが増える機会が多くなったと思う。知合いが増えれば、冠婚葬祭や飲み会、イベントへのお誘いをいただくことも多くなる。ここにラインやメールでのやり取り、インスタグラムなどでのコメントまであるとすれば、人間関係を維持するためにどれほどの時間と労力を費やさなくてはならないのか。もちろん、こういうことが好きで、ストレスが溜まらないのであれば構わないが、中にはこれに疲れている方も多いと思う。

「相手から嫌われてしまうのではないか？」「2度とお誘いをいただけなくなるのではないか？」

と不安になる。だから断れない。こういう気持ちはわからなくもないが、自身の身がヘトヘトになっているのであれば断ってしまって構わない。こういうことを断ったとして、それで疎遠になるのだとしたら、いずれにしても、そんな関係を維持したとして何かよいことがあるのだろうか？　そこに深い絆があるのであれば、１度や２度断ったくらいで疎遠になることはない。

堂々と断ってしまっていい

付合いが悪い人だと思われたくない？　心配はいらない。何度か断っていれば、「付合いの悪い人」なのだと認識してもらえる。「付合いの悪い人」と「嫌われている人」はイコールではない。

ストレスを抱えているような状態で飲み会に参加したとしても、自身のコンディションがよくないのだから、その場を有意義に過ごすことなど期待できない。ストレスなく参加できると思ったものにだけ行けばいいのだ。現に、飲み会の場面で、明らかに乗り気ではない人物がそこにいたらどう思うだろうか？　それなら、周りにだって迷惑である。

私の友人や知人にも、ラインやメールの返信をしない人物がいる。しかし、私はこういう人たちのことを悪くは思わない。ラインやメールが苦手な人だっているし、面倒に感じれば返さなくてもいいと思っているからだ。私も同じで、ビジネスなどの面で返信する必要のあるものは別だが、返すのが面倒だと思ったときにはスルーしてしまうことも多い。

断ること、断られることに対して、そこまで深く考える必要はないと思う。自分が断っても、相手から断られても、それが「相手のことが嫌いである」とは限らないだろう。まずは、自分が心地のよい気分でいることを大切にしたほうがいい。自分がストレスを感じることのない範囲で、人との距離感を保っていればいいのだ。

仕事でも、スポーツでも、自分がよいコンディションでなければ、よいパフォーマンスなど出せるわけがない。これは人間関係も同じで、自分がよいコンディションであるからこそ、相手との良好な関係を築いていくことができるのではないだろうか。

よいコンディションをつくれないのであれば、堂々と断ってしまおう。断ることによって空いた時間は、仕事なり趣味なりにと、有意義に使っていけばいいのだから。

自分の性格を変えようとしない

陰気な性格は悪いことではない

「元気でいつも明るく、活発な人がうらやましい」、こんなことを思っている方もいると思う。しかし、私はそうは思わない。大人しいとか、人見知りであまり話せないとか、それならそれでよいのだ。それが、その人のキャラクターなのだから、それを無理に変える必要はない。

東洋医学には、「陰陽論《いんようろん》」というものがある。すべてのものは「陰」と「陽」に分類されるという考え方だ。明るい人は、「陽気」などと言って「陽」のタイプとなる。大人しい人は、「陰気」などと言って「陰」のタイプとなる。

ただ、「陽」だからよいとか、「陰」だからダメとか、そういうことは一切ない。宇宙に存在するあらゆるものは、「陰」と「陽」のバランスで成り立っているのだから、世界が陽気な人だらけになったら、それはそれでバランスを崩してしまうのだ。

スポーツチームで考えてみてほしい。野球でいけば、野手の8人全員を「自分が目立ちたい」という4番バッターで揃えたらどうなるだろうか？　打線に火がつけばすごいだろうが、大抵はかみ合わずに点が取れなくて終わってしまうだろう。

強いチームをつくりたいのであれば、目立ちたい4番バッターを引き立たせるような「脇役」になれる選手が必要になる。また、こういう脇役の選手こそが、「陰の主役」となってチームをまとめているというケースも多い。

自分にはないものを持っているタイプの人をうらやむより、自分の持っているものを大事にしたらどうだろうか？

ストレスを感じてまで自分にないキャラクターを演じることはない

私は「陰」のタイプだから、人がたくさんいるようなパーティーが苦手だ。初対面の方たちと次々に名刺交換をしたりとか、社交的に人の輪に入っていくことが苦手。どちらかというと、会場の隅のほうで、静かにしているのが好きである。しかし、私はこういうスタンスを崩す気はない。人から何か言われたら、「こういうのが苦手なので」ときちんと伝えている。

私が社交的に振る舞おうとすれば、それは無理をしていることになるから、それだけでもかなりのストレスになってしまう。ストレスを感じてまで、自分にはないキャラクターを演じる必要はない。

例えば、営業でいうと、フレンドリーな感じで、明るく元気に商品の説明をしてくださる方もいるし、物静かではあるけれど、理路整然とわかりやすく商品の説明をしてくださる方もいる。

この2つのタイプには、どちらにもよさがある。また、どちらの営業の方から説明を受けたいかと聞かれたら、人によって好みは分かれるだろう。

人のタイプというのは、それぞれによさがあるのだから、自分の性格を無理に変えようと思う必要はない。ありのままでいいのだ。

ナルシストであっていい

一流の人間は美しい

何の世界でも、一流の人間のフォームは美しいと思う。整体の世界も同じで、レベルの高い施術ができる人間は、施術をしているときのフォームが美しい。私は、一流のエステティシャンの方とも交流があったが、その女性のフォームはもちろんのこと、メイクから服装からすべてが美しかった。施術を受けなくても、「この方は実力があるな」と思わせる品格を持っている。

私が施術をさせていただいてきた各ジャンルの一流の方たちは、やはり美しい方が多かった。髪型、服装はもちろんのこと、財布やキーケースなどの小物にも気を遣っている。「自分を美しく見せる」という意識が、自分のビジネスを飛躍させていくことにも繋がっているのだ。

ナルシストであることは理想的なこと？

ナルシストとは、どういう人物のことを指すのだろうか？「自分のことが大好きで、自分のことばかりかわいがるタイプの人」といったところか。

世間一般では、ナルシストというのはあまり評判がよろしくないと思われるが、いつも心がほぐれた状態であるためには、まさに理想的なのである。心理学の実験からも、ナルシストのほうが神経質にならず、生きづらさを感じなくてすむということが明らかになっている。

ナルシストは、「人は人、自分は自分」というスタンスで、友達が少なくても、飲み会に誘われなくても、そんなことは大して気にならないから、孤独感を覚えることが少ない。

自己評価の低い人は、人から認めてもらえないと「自分はダメな人間だな」と落ち込んでしまうが、ナルシストは違う。ナルシストは自己評価が高いから、人の評価をそこまで気にすることがない。「自分はすごい」と思って生きていれば、誰に何を言われても大して気にはならないのだ。

１番重要なのは、「自分で自分のことを認める」ということ。それができているのであれば、何があっても動じずにいられる。人の目など気にする必要はない。自分に自惚れるくらいでちょうどいい。

世界を獲るような大人物は、「世界は自分を中心に回っている」とさえ思っている。そのふてぶてしいまでの雰囲気が、そのとおりに世界の人々を飲み込んでいってしまうのだ。

まぁ、ここまでとは言わないが、自分がナルシストになることを許してみてはどうだろうか？

誰が言っていたかは忘れたが、自分を愛するということについてこんな話をしていた。

コップがある。そこに1滴1滴と水を垂らしていく。やがてコップが一杯になって、そこから水が溢れてくる。この溢れた水こそが、人に与えられる分になるのだという。

自分を愛することが先。自分を愛せない人間は、他の誰かを愛せない。自分がカラカラに乾いているのであれば、人に分け与える余裕など生まれないのだから。

ナルシストでいい。よい人生を送るためには、ナルシストであることは重要なのである。

頑張る必要はない

「頑張る」という言葉を使わない

よく使われる言葉に、「頑張る」というものがあるが、私はこの言葉を使わない。自分で「頑張ります」とは言わないし、お客様に「頑張ってくださいね」などと言うこともない。なぜなら、私の中で「頑張る」という言葉は、「無理をする」という意味だと捉えているからだ。

人から「お仕事、頑張ってらっしゃいますね」と言っていただくことがあるが、私は謙遜でも何でもなく、素直に「全然頑張っていませんよ」とお答えしている。現に、私は頑張っていない。頑張ったからといって、それでよい仕事ができるとは思わないからだ。

ゲームが好きな人が、ゲームを12時間やり続けたとしよう。では、本人は「頑張ってやっている」と思っているだろうか？　そんなことは思わないだろう。ただ、好きだから没頭しているだけだ。

まず、「頑張る」という感覚にならないことを仕事にすべきである。仕事とは、頑張るのではなく、没頭するものだ。自然と没頭できるものを仕事にすれば、仕事におけるストレスはかなり軽減されていく。

そこまで自分を追い込む必要はない

そもそも、多くの人たちは、「頑張る」という言葉を使わなくても、十分にやっていると思わないだろうか？　世間で言われている「頑張っている」は、実際には「頑張り過ぎている」のだ。

百歩譲って、好きなことをやっていて、「ちょっと無理をしても大丈夫だ」と思っているのならまだしも、ストレスを抱えながらやっているのであれば、その生き方を見つめ直したほうがいい。

「まだ頑張れるかな？」と思っているときが、心身にとっての限界値なのだから、それ以上頑張る必要はない。いくら頑張ってやっていても、それで心や身体に問題が起きてしまったのでは元も子もないではないか。

生物としての人間が、本当にやらなくてはならないこととは何か？　それは、「呼吸」「食事」「睡眠」である。人間が生きていく上で、これこそが「自分でやらなくてはならないこと」なのだ。これは、さすがに他の人に代わってもらうことはできない。

では、それ以外は？　本当に自分がやらなくてはならないことだろうか？　今は、「自分がやらなければいけない」と思っているかもしれないが、やれなくなったらなったで、実際には何とかなっていくものである。

職場だって、重要な仕事をしていた人が突然いなくなっても、始めは混乱するかもしれないが、結局は他の人がそれを補っていくようになる。家庭も同じで、誰かが家事をやらなくなれば、今までやらなかった人がやるようになるのだ。

肩の力を抜いて、今の生活を考えてみればいい。自分がやらなくてはと、自分を追い込み過ぎないことだ。「まだ頑張れるかも」と思っている段階で、いったん休んでもいいのではないだろうか。

直感を大切にする

骨格矯正を行うときのポイント

整体施術の中には、骨格矯正がある。私も、施術を行う際には、骨格矯正を多用している。この骨格矯正のポイントになるのは、お客様が「気持ちがいい」と感じる方向に骨格を動かしていくということだ。

人間は、本能として、「骨格を正常な位置に戻したい」という欲求を持っている。本来のポジションに戻していく方向への動きが行われれば、身体は気持ちよさを感じる。反対に、歪ませていく方向に動かしていけば、身体は不快感を覚えるようになる。だから、骨格を動かしていくときには、お客様の「気持ちがいい」という感覚を追っていけばいい。これで、骨格矯正は正しい方向へと行われていくことになる。

ただ、これは骨格矯正だけに限った話ではなくて、全般的に身体が「気持ちがいい」と感じることには、大きな意味があるのではないだろうか。「気持ちがいい」と感じることの先には、身体にとってよい効果が待っているのだと思う。

例えば、冬の寒い日に、温かい温泉に浸かったときの心地よさ。これは現代の医学ではまだ解明されていないだけで、このときの気持ちよさには、身体にとってとてつもなく大きな意味が含まれているのかもしれない。身体にとってよい効果があることには、身体は「気持ちよさ」を感じさせて、それを呼び込もうとしているのではないか。

ふと頭に浮かんだことを大切にする

私は、これは、身体の感覚だけにとどまらない話であると思っている。

あなたは、こんな経験をしたことがないだろうか。「急に、誰かのことが頭に浮かんできて、連絡をしてみようかなと思っていたら、偶然にもその相手から連絡がきた」ということ。このように、ふと頭に浮かんできたことには意味があるのだと思う。

そのときの自分にとって必要なことだからこそ、身体は頭にその物事を浮かばせたのではないだろうか。

私が見てきた数多くのＶＩＰたちは、こういう感覚の鋭い方が多かった。トップクラスの経営者ともなれば、日々大きな決断を迫られていくことになる。しかも、1つの決断に対して、そこまでの時間を割くことができない。

こうなれば、物事の判断をするときに、直感で決めるという能力が必要になってくる。浮き沈みが激しいビジネスの世界で、沈むことなく、ずっと上に居続けられる方には、こういった直観力があるのだ。

普段の生活の中でも、ふと頭に浮かんだことを大切にしてみればいい。ふと、「○○が食べたいな」と思ったのなら、それを食べる。頭に浮かんだ食べ物は、そのときの自分の身体が欲しているのだ。行きたい場所が浮かんだのなら、そこに行ってみる。行きたいお店があるのなら、そのお店に行く。会いたい人がいるなら、会いに行く。

その時その時の直感に従って、それを行動に移していけば、きっとその感覚は自分をよい方向へと導いていってくれると思う。

相手を褒めるときのコツ

誰だって褒められれば嬉しく思うのではないだろうか？

ビジネスでもプライベートでも、相手を褒めることがうまい人は得をすることが多い。相手を褒めるということは、相手に対してよい「気」を渡すということだ。相手を褒めれば、相手の心は温まっていく。そして、心もほぐれていく。相手を褒めるという行為によって、相手の心によい気を巡らせることができるのだ。

もし、自分がいつも誰かを褒めていたらどうなるだろうか？　自然と、いつも笑顔でいられると思わないだろうか？　誰かを褒めるという行為は、相手だけではなく、自分の心までをもストレッチしてくれる。いつも心をゆるめておきたいのであれば、誰かのことを褒め続ければいい。

人間関係において、相手を褒めるということを意識していれば、自ずと相手の明るいところを見つめるようになっていく。明るいところを見れば明るい気持ちになる。暗いところを見れば暗い気持ちになる。せっかくなら明るいところを見て、自身の心もやわらかくしておきたいものである。

間接的に相手を褒めるということ

しかしだ、わかってはいてもこれが苦手という方もいるだろう。「相手を褒めるのが恥ずかしい」

とか、「どう褒めていいかわからない」という方に向けて、とっておきの秘技をお教えする。それは、「相手を間接的に褒める」ということだ。

これは、私が長年にわたって実践してきたものであり、その手ごたえを十分に感じているものだから、自信を持って皆さまにおススメすることができる。

ネイルを装飾している女性であれば、「ネイル綺麗ですね」と言えばいい。ネイルを装飾しているということは、お金をかけてネイルサロンに通っているわけだし、自分でやるにしてもそれなりの労力を費やしているのだから、そこを褒められて嫌な気持ちになるはずがない。

女性が、「友達のネイルサロンに通っているんですよ」と言ったら、「そのお友達、腕がよいんですね」とお友達を褒める。自分が通っているお店や、そのスタッフさん、ましてお友達を褒めてもらえば誰だって嬉しいだろう。ネイル、通っているお店、褒める対象がハッキリしているから褒めやすいし、相手だって好意的に受け取ってくれる。

身に着けているものも有効である。時計、バッグ、服、靴、こういったもの。「その時計、カッコいいですね」「その靴、素敵ですね」と言えばいい。

「女性が髪型を変えたときに、男性がそれに気づいてくれないから女性は不満に思う」なんて話を聞くことがあるが、特に男性は相手の変化に気がつかないものなのだろう。ただ、こうやって、相手の身につけているものを褒めようという習慣を持っていれば、相手の細かなことにも気がつくようになる。

間接的に褒めれば、直接褒めるよりもずっと楽であり、むしろ本人を褒めるよりも有効になる場合が多い。これは大いに活用していただきたいと思う。

大丈夫、心配するな、何とかなる

トンチで有名な一休禅師（一休さん）の話

一休禅師が亡くなる直前に、弟子たちに、「この先、私が亡くなった後、本当に困り果てたとき、これを開けなさい。それまでは絶対に開けてはならない」と巻物を渡した。

何年か後に、寺に大問題が持ち上がり、寺の存亡の一大事になった。弟子たちは知恵の限りを尽くしたが、妙案を思いつかず、どうしようもなくなった。このとき、一休禅師が遺してくれた巻物のことを思い出し、恐る恐る紐をほどいていった。その巻物には、こう書かれていた。「大丈夫、心配するな、何とかなる」。

それを見た弟子たちは、あっけにとられて笑い出した。ほどなく、一休禅師がまるで見透かしていたかのように、どうしようもないと思われていた寺の問題は、見事に解決してしまったという。

心配事があっても結局は何とかなっていくものである

今の時代、不景気と言われている。「どんな商売をやっても儲からない」などという言葉も聞こえてくる。「起業してもうまくいかないのではないか」「失敗をして借金を抱えたらどうしよう」「将来が不安だ」、悪いほうに考えたらキリがない。

もう何年も前の話になるが、ある経営者の方とお話をしていたとき、こんなネガティブな話題になったのだが、ここで、この方は笑いながらこうおっしゃった。「そんなことにはならないから大丈夫だよ」。

この言葉が、あれからずっと心に残っている。この言葉には、根拠がない。ただの楽観的なものでしかないのかもしれない。しかし、私にはこの言葉が忘れられないのだ。そして、何かある度に、ふとこの言葉を思い出す。

不思議なことに、この言葉が頭をよぎると、不安が消えていく気がするのだ。不安に駆られているときは、全身の「気」の巡りが滞っている。当然、心も固くなっているだろう。「大丈夫」という言葉は、この固さをほぐしてくれるのかもしれない。

私がアスリートを施術するときに意識していることは、選手に対して「大丈夫」という意識を与えるということだ。選手だって人間である。そこには調子の波があり、調子が悪いときには、気分まで沈んでいることだってある。

選手が「調子が悪いんですよね」と言ってきたとき、私まで「そうだね、確かに悪いよね」などと答えたらどうだろうか。「調子が悪い」ということが、本当に確定してしまうことになる。私は、こういう場合、ネガティブな答えをしない。「えっ？　身体の状態はよいですよ。調子が悪いなんて、気のせいではないですか？」と言ってしまう。施術が終わった後で、「大丈夫ですよ。今、絶好調なので」と言って、自信を持たせてから帰らせる。

確かに、私が言う「調子がよい」ということは嘘なのかもしれない。しかし、選手の滞っている「気」を巡らせるためには、「大丈夫」という言葉を投げかけていくしかない。

何があっても、肩の力を抜いて、「何とかなるさ」と気楽に構えていよう。何とかなると思っていると、不思議なことに、本当に何とかなってしまうものなのだ。

心配しなくてもいい

「上手くいく」というポジティブなイメージには強い気が宿る

よい施術をする上で、欠かせないことがある。それは、「お客様の身体が改善していく。そして、お客様が満足してくださって笑顔になっていく」といった、ポジティブなイメージを持って施術をしていくということだ。「施術が上手くいかないかもしれない」などと、マイナスなイメージを持ってしまうと、実際にも施術が上手くいかなくなるケースが多い。

「気」というものは、こういうイメージ、言葉に対して敏感である。「自分は上手くいく」と言葉に出せば、全身に強い気が宿るから、そのまま身体に力がみなぎっていく。反対に、「自分は上手くいかない」と言葉に出せば、全身から気が抜けていき、しぼんでいくように力が抜けてしまう。

カーナビをイメージしてほしい。「上手くいく」と思えば、カーナビに「上手くいく」という地点までの道のりがセットされる。そして、ここに宿っている強い気が、そのゴールまでをナビしてくれるのだ。強い気が宿っているのか、しぼんだように気が抜けているのか、ここには大人と赤ん坊くらいの力量の差が生まれてしまう。

誰だって先のことはわからない。未来に対して、全く不安がない人などいないだろう。しかし、ここでポジティブなイメージを持ち続けられるかどうか。ここが大きな分かれ目となるのだ。

心配事などに振り回されないこと

ミシガン大学の研究チームが行った調査によると、私たちが抱える心配事のうち、80%は実際には起こらないとされている。ということは、実際に起こるのは20%。しかも、「実際に起こる可能性がある」心配事のうち、およそ80%(全体からすると16%)は、上手に対処すれば発生にまで及ばない。つまり、私たちの脳を悩ませる心配事のうち、本当に実現してしまうのは、わずか4%に過ぎないということなのだ。

マスコミなどから、心配や不安を煽るような情報が伝えられてくる。「都心部に大地震がくる」「年金問題を始め、老後が不安だ」「不景気で国も信用できないから貯蓄をしておかなくてはならない」。

確かに、こういう事態にぶつかる可能性はある。しかし、これらに過剰に怯えて生きていくことが正しいのだろうか? 人生、悪いことが起こる可能性はあるが、これを避けてばかりいたら、何もできなくなってしまうだろう。

「悪いことが起こるのは嫌だけど、何もできないのはもっと嫌だ。やりたいことをやろう」。これが健全な生き方だと思う。頭に次から次へとマイナスイメージが浮かんできたとしても、実際には何も起こらなかったということは多い。心配事のうち、わずか４％しか実現しないのだから。４％に振り回されることはバカらしくならないだろうか？

心配しなくていい。わずか４％のために、心にストレスを抱えたのでは割に合わない。

小さな親切が運を引き寄せる

小さな親切が波及していった

先日、東京にいた。電車の中で、ある出来事があった。杖をついた高齢の女性が乗ってきた。私はずっと立っていたので座席を譲ることができず、誰か譲ってくれないかと思っていたら、そこに座っていた20代くらいの男性がサッと立ち上がって、その女性に席を譲ってくれた。そして、女性に気を遣わせないようにと、少し離れた場所に移動して行ったのだ。

彼は、素晴らしい。紳士である。ただ、物語はこれで終わりではない。次の駅で、ちょうど彼の前に座っていた人が下車したから、彼はタイミングよくすぐに座ることができたのだ。

彼は、高齢の女性に席を譲った。気を遣わせないようにと離れた場所に移動した。その場所の席がすぐに空いた。これは偶然かもしれない。しかし、私には、これがただの偶然とは思えなかった。彼は、「座席を譲る」という徳を積んだ。だからこそ、すぐに運が巡ってきたのだ。

座席を譲ってもらった女性は、彼に感謝をしたことだろう。その光景を見ていた私の心も温まった。彼は、そこにいた私の心までをもストレッチしてくれたのだ。彼の小さな親切が、そこから波及していった。彼は、私に、改めて大きな気づきを与えてくれた。

お金の出し方こそが重要なのだ

「バスクリンの法則」というものがある。湯船に浸かり、バスクリンを入れる。その緑色を自分の元に引き寄せようとしても、緑色は遠くにいってしまう。反対に、押し出そうとすれば、緑色は自分の元に寄ってきてくれる。

まずは、与えること。与えれば、見返りを求めなくとも自然に入ってくるようになる。「ギブ・アンド・テイク」ではない。「ギブ・アンド・ギブ」でよいのだ。

私が施術をさせていただいた年収が1億円を超えるＶＩＰも、与えることの重要性をお話になっていた。あるとき、この方からお金についての興味深いお話をお伺いする機会に恵まれた。

多くの人は、お金の稼ぎ方を学ぼうとするが、実際には順番が逆なのだという。肝心なのは、お金の稼ぎ方ではなく、お金の使い方なのだと。お金を稼ぐことへの能力には、実際にはそこまでの価値がない。お金を使うことへの能力があれば、自然とお金は入ってくるようになる。人を喜ばせるためにとお金が使える人は、自分も喜びながらお金を手にすることができる。自分を成長させるためにと自己投資ができる人は、その後で、自然とお金がついてくるような人になっていける。

この方から、お金の使い方のポイントを教わった。それは、「お金の使い方を綺麗にする」ということだ。財布からお金を出すときに、綺麗に出しなさい。自分が受けとった商品やサービスの対価としてお金を出すわけだから、相手に対して感謝の気持ちを持ってお金を出すこと。自分が出したお金が、心地よく世の中へと循環していくように、そして自分の元に帰ってくるようにとイメージをすること。お金にも、出し方がある。この出し方こそが重要であるということだ。

原点を忘れない

整体師になりたかったあの頃を忘れない

施術の予定が立て込んでくれば、確かに身体は疲れる。しかし、こういうとき、私はいつも「ありがたい疲労感」だと思うようにしているのだ。

私が整体師を目指して学校に通っていた頃、毎日、「早く整体師になって、現場で働きたい」と思っていた。整体師としてバリバリ仕事をこなしていく日々に、ずっと憧れていた。そして、今、私はそれを叶えている。

整体師として、疲れるくらいに仕事ができるということは、ありがたいことだ。感謝してもしきれないくらい、これはありがたいことだと思っている。

「整体師として、仕事をすることに憧れていた」。これが私の原点。ここを忘れてはいけない。仕事をしていく中で、おもしろくないことが起こったとしても、私はここで愚痴をこぼすようなことはしない。そんなことを言えば罰が当たる。なぜなら、私にとっては、整体師として仕事ができているということ、それで収入を得て生活ができているということだけでも、十分にありがたいことだからだ。

Jリーガーも同じことを言っていた

Jリーガーとこんな話をしていたとき、その選手も同じことを言っていた。

ずっとプロサッカー選手に憧れていた。しかし、それを叶えることができるのは、その中のほんの一握りだけ。また、プロになれたとしても、チームにずっと在籍できる保障はない。結果を出さなければ、そこで戦力外としてチームから出されてしまう。

この選手は、どんなときでも、プロ選手としてチームに所属できていることへの感謝の気持ちを忘れたことがないのだという。今、大好きなサッカーをすることができている。収入の心配をすることなく、サッカーに専念することができている。毎日、元気にサッカーができていることだけでもありがたい。

試合に出られないときでも、この感謝の気持ちを忘れないから、いつもニコニコして練習に参加しているそうだ。実際、試合に出られない選手の中には、不貞腐れたような態度をとりながら練習に参加している選手もいるらしい。

監督やコーチだって人間である。試合に出られない選手の中で、ニコニコしながら練習に取り組んでいる選手と、不貞腐れたような態度の選手、どちらにチャンスを与えようと思うだろうか？こんなことは言わなくてもわかる。

「明」という文字を見てほしい。左に小さく「日」があり、右に大きな「月」がある。これをよく見ると、おかしな点に気づくことになる。太陽は月に比べると大きいはずなのに、なぜ「日」の文字が小さくて、「月」の文字が大きいのか。また、太陽は自ら光を放ち、月は自ら光を放つことはないのに、なぜ「日」が小さくて、「月」が大きいこの文字が「明るい」という意味になるのか。

これは、明るいところにある大きな存在である太陽が本体ではないという意味なのだ。陰に隠れて、小さく存在する月のほうにこそ、本当の意味が隠されている。誰だって活躍の場が与えられているときには、張りきってやることはできる。しかし、不遇な状況の中にいるときにも、同じことができるかどうか。こういうときにこそ、その人の真価が問われることになる。日の当たらない場所でも、きちんとやるべきことをやれているのか。これこそが、その人の本当の姿といえるのだ。

自分の原点、今の仕事のスタートラインに立った頃の気持ちを忘れない。自分の意思で、スタートさせた仕事の世界ではないか。そこに感謝の気持ちを持ち続けることができるのであれば、いつもニコニコと仕事ができるのではないだろうか。

人生に行き詰まったら原点を思い出そう

人生に行き詰ったとき、どうすればいいのか。人に相談することだろうか。がむしゃらに頑張ることだろうか。悪あがきをしてみることだろうか。もちろん、どれも大事なポイントだとは思うが、もっと重要なことがある。それは、原点を思い出すということだ。

人生に行き詰まったら、原点を思い出そう。往々にして行き詰まっているときというのは、原点を忘れている場合が多い。原点とは、出発点だ。すべての物語の始まりでもある。原点があってこそ、正しい方向に向けて、正しい手段で進めていくことができるのだ。物事に専念していると、段々と方向性がズレていって、原点を見失っていくことが多くなる。

お客様に喜びを与えるためにあった仕事なのに、いつの間にか成果重視、利益重視の仕事になっていた。お客様の笑顔よりも、利益のことばかりを優先させていた。これでは、うまくいくものもうまくいかなくなって当然である。何事も原点を忘れたらすべてが終わってしまう。問題なのは、毎日の生活に流され、「何のためにやるのか」を忘れてしまっていることなのかもしれない。

原点を忘れないということは、自分が決めたことを、そのときの気持ちを引き連れたままで継続をしていくということだ。いったん決めたからそれでよいというわけではなくて、決めたことを最後まで貫き通していくということ。毎日の繰返しの中で、何となく慣れてきてしまい、それがただのルーティーンになってしまったらダメだ。単に、やり続けるということではなくて、常に新鮮に仕事に取り組んでいくという姿勢を、いつまでも持ち続けておく必要がある。

第5章

心をやわらかくして自身の能力を飛躍させる

持って生まれた才能

「先天の精」と「後天の精」

東洋医学には、「先天《せんてん》の精《せい》」という言葉がある。「精」というのは、身体や心を動かす「気」よりもさらに根源にある、「生命力のエネルギー」であると考えられている。

極度の疲労状態のときには、「精根尽き果てる」と言ったりするが、この「精」と同じような意味合いであると思っていい。そして、この「精が尽きる」ときが、「寿命が尽きる」ときになるのだ。精が十分であれば成長が早く、老化が遅くなる。

先天の精とは、いわゆる「親から受け継がれる遺伝的な能力やエネルギー」のことを指している。これはまさに、親から受け継いだ「生命の力」のことだ。先天の精を潤沢に持って生まれてきた子供は、発育がよく、どんどんと身体が大きくなる。風邪も引かずに、いつも元気一杯で、ご飯もしっかりと食べられる。一方、先天の精が少ない子供は、発育が悪く、虚弱体質で病気がちになる。

ここだけを見れば、先天の精をたくさん持って生まれてきたかどうかで、その後の人生に差がついてしまうと思うだろうが、実際にはそうとも言えない。

これとは別に、「後天《こうてん》の精」というものもある。言葉のとおり、後天的に得ることができる「後づけの精」のことだ。「呼吸」「食事」「睡眠」などの生活習慣によって生まれ、後から身についていくもの。もともと「精」が少なく生まれついたとしても、その後の健康への意識によって「精」を補い、強くしていくことは十分に可能なのだ。

逆に言えば、いくら先天の精に恵まれて生まれてきたとしても、後天の精をおろそかにして、乱れた生活をしていれば、身体と心は次第に精を失い、弱くなっていってしまうということ。

いずれにしても、持って生まれてきた先天の精は、生きているうちに少しずつ消費されていき、いつかはゼロになっていく。そこからは、その人の生き方そのものである後天の精が本人を支え、輝かせ、命をつないでいくのだ。

持って生まれた才能だけがすべてではない

施術を習い始めたときから、飲込みが早く、どんどんと成長していく人がいる。反対に、飲込みが悪くて、ちっとも先に進んでいかない人もいる。これは、持って生まれた才能の差と言えるかもしれないが、それだけで勝負が決まるとは限らない。

せっかく才能があったのに、施術の世界を完全に辞めてしまって、別の仕事に移っていく人を何人も見てきた。反対に、飲込みが悪くとも、ずっと施術を続けている人もたくさんいる。また、現場に出てからも、コツコツと勉強を続けていく人もいるし、全く勉強をしなくなる人もいる。

施術を習い始めるというスタートラインに立ったときにある差は、才能なのかもしれない。だが、ここから5年後、10年後を見たときにはどうだろうか？

「ビクビクするな、堂々としていろ」

堂々とした態度で施術を開始する

施術をする上で、正直なところ、自分にとって「難しいな」と思える注文をいただくことがある。そんなときでも、大事にしなければならないのは、「堂々としている」ということだ。

内心は、「難しいな」と思っていても、それを表には出さない。堂々と、「やってみましょう」と言う。堂々としているということは、それだけ強い気を発していることになる。この強い気が、いろんなことの追い風になってくれる。現に、私は、堂々とした態度で施術を開始したことによって、奇跡的にその場で新しい施術を生み出すことができたり、その方のお身体に必要な施術がパッと閃いたり、不思議な体験を数多くしてきている。

また、自分には無理だなと思ったときには、「病院で、お医者さんに診てもらってください」と病院をすすめることも必要だ。どんな整体師だって、整体の範疇を超えたものは診ることができない。そういうときは、病院での治療をすすめるのがルールである。

一番恥ずかしいのは自信がないという態度をとっていること

昔、私は、いろんな場面で緊張してしまうタイプだった。当時は、自分に自信を持てなかったのだと思う。学生時代に部活動をやっていた頃、当時の先輩からこんなことを言われた。「ビクビクするな、堂々としていろ」。この言葉は、今でも心に残っている。

成功する、失敗する。それ以前の問題として、何かをやっているときにビクビクしていたら、その時点で失敗に向けてあらゆることが進んでいってしまうだけだ。不安があっても、緊張していても、堂々としていなければならない。

以前、私が市役所に行ったときのこと。当時、私は、解決したい問題を抱えていて、市役所に聞きに行ったのだが、そこの窓口にいた方が、「申し訳ございません。この部署にきたばかりでまだ慣れていないもので」とオドオドしたような態度で対応してきたのだ。その窓口の方だって、給料をもらっているのだから、プロフェショナルとしての対応をしなくてはならないはずだ。質問に対して自分が答えられないなら、その場で調べ始めるとか、それでもわからないなら「私はわからないので、わかる人間と交代します」と言って、わかる人間に窓口をバトンタッチするとか、そういうことをすべきではないだろうか。

役所だけではなくて、取引先とか、お客様とかには、相手がベテランであるとか新人であるとか、そんなことは関係ない。必要なことを、きちんと対応してほしいと思っているのだから。

わからないことは、恥ずかしいことではない。どんなベテランだって、わからないことの１つや２つがあっても不思議ではない。１番恥ずかしいのは、自信がないという態度でいることである。

どんなときでも、背筋を伸ばして、堂々と立っていることだ。その心構えがあれば、強い気が後押しをしてくれる。

自分ならできる

自身が持つ能力は周りからの影響を受ける

ピョンピョンと跳ぶノミ。本来は1メートルくらいを跳べるジャンプ力があるのだが、高さ30センチの瓶に入れたらどうなるのか？　最初こそ何度も瓶の中から外に出ようと、ピョンピョン跳んで脱出を試みるのだが、1週間くらいすると諦めてしまう。その後で瓶の外に出しても、もう30センチくらいしか跳べなくなってしまうらしい。

しかし、もう1度ピョンピョンと跳んでいる仲間たちのもとに連れていくと、「あれ？　もしかしたら自分も1メートルを跳べるのではないか？」となって、本来の能力を思い出し、再び1メートルを跳べるようになるのだ。

これは周囲の環境によって、自身の能力を発揮させるということに、ここまでの影響が出てきてしまうというエピソードである。

「どういう人と付き合うのか」がいかに大事か

これは、人間にも同じことが言える。このエピソードは、いかに周囲の環境が重要かを物語ってくれている。もしも、あなたに「お前になんかできるわけがない」とネガティブなことを言ってくる人がいたとする。そして、あなた自身も、「自分には無理だよな」と思ってしまったとしよう。こうなったら終わりだ。本来はもっと高く跳べる能力があるはずなのに、その能力が開花していく可能性がなくなってしまう。

「お前になんかできるわけがない」とか、こういうことを言ってくる人のことを「ドリームキラー」と言う。人の可能性を潰してしまう人だ。もし、こういうことを言われたら、その言葉を完全にスルーしてしまおう。

ドリームキラーが放ってくる言葉は、相手の心を固くしまう以外の何物でもない。あなたに夢があるのなら、夢を叶えるために日々前進している人、夢を次々に叶えてきている人と積極的に付き合ってほしい。周りにそういう人がいないのなら、そういう人の講演会に行き、本を読み、そういう人物の雰囲気に、言葉に触れることだ。

私は、以前、大きな会社の経営者の方を施術させていただいたときに、成功の秘訣をお伺いした。経営者の方はこうお答えになった。「う～ん、失敗するってイメージを持たないことじゃないかな。何でも、やればできるって思うことだよ」。

私は、この言葉を聞いたとき、背中がゾクッとした。この言葉の中に、すべてが凝縮されている。「自分ならできる」と思えば、自身に強い気が宿る。思い込むという力は大きい。周りが何を言ったとしても、「自分ならできる」と思い込めば、どんどんと能力が開発されていく。生命が持つ可能性という力は、果てしなく大きいのだ。

自分の可能性を信じることだ。「自分ならできる」、そう思いながら前進していってほしい。

楽しんでいる人には勝てない

心がゆるんでいくほどに強くなっていく

論語に、次のような件がある。

・(ある) 物事を知っている人は、それを好む (好きである) 人には勝てない。
・(ある) 物事を好む (好きである) 人は、それを楽しんでいる人には勝てない。

私は、これを、「身体と心がゆるんでいくほどに強くなっていく」ということだと解釈した。

東洋医学では、「すべての不調は温めて治す」と考える。温めると、やわらかくなる。反対に、冷やすと、固くなる。〝温める、やわらかくする〟、これが改善の鍵となるのだ。

ただ、これは、不調だけの話ではない。ビジネスでも同じなのだ。身体も心も、やわらかくなるほどに発揮できるパフォーマンスが上がってくると考えられる。

「苦手なことでも努力をしてやっている」。こういう姿をイメージしてほしい。こういう場合は、身体に力が入って、身体も心も固くなっていくような感じがしないだろうか?

では、「楽しんでやっている」はどうだろう。ここには力みがない。身体も心もやわらかく、笑顔で、余裕があると思わないだろうか？

努力という世界と楽しむという世界はそもそものステージが違う

努力をすることは大事であると言われている。もちろん、私もそう思う。努力をしてスキルを磨く。経験を積んでノウハウを身につける。こうやって身につけたもので勝負をしていく。

では、楽しんでいる人は、「スキルを磨こう」なんて考えているだろうか？　そんなことは考えていない。楽しいから、ただひたすら没頭しているだけ。そして、結果的に、膨大な経験値が手に入るというだけの話なのだ。

努力という世界と楽しむという世界は、そもそものステージが違う。努力をしている人が勝てるのは、自分よりも努力をしていない人たちだけなのである。それを楽しんでやっている人が目の前に現れたら、その人にはいくら努力をしても勝てなくなってしまう。

努力をすることよりも、まずは好きになること、そして楽しむことを考えればいい。

成功をしている人は、楽しめることを仕事にしている。もしかしたら、仕事という感覚さえなくて、ただ趣味に没頭していると考えているのかもしれない。もちろん、仕事というのは楽しいだけでやっていけるものではないが、そこに楽しさがなければ続けられない。

趣味はもちろんのこと、仕事だって大いに楽しめばいい。楽しめば楽しむほどに、自身の能力は飛躍していく。仕事は楽しめるものを選んでいくことだ。そして、どうしたらもっと楽しめるようになるのかを考えていけばいい。

仕事は、「何が儲かるか？」で選ぶのではない。「何が楽しめるのか？」で選ぶべきだ。楽しんでいった先には、自然と儲けがついてくるようになっているのだから。

「ダメ出し」で傷つく必要はない

厳しかった先生に感謝をしている

私は、今までたくさんの先生から施術を教わってきた。その中には教え方が厳しかった先生もいるが、その先生の厳しさも含めて、すべてに感謝をしている。先生はあくまでも、私に対して「次のレベルに上がってほしい」と期待をして教えてくださっていたわけで、自分の中でも「次のステップに上がる」ということに集中をしていれば、教え方が厳しいだのなんだのと、余計なことには気を取られることもないだろう。

ダメ出しをされたときどう感じるのか？

ダメとされるところを指摘されたことによって、自分を否定されたような気になって傷ついてしまう方もいるだろうが、私は、ダメ出しをされても傷つかない。

仮に100人いて100全員から同じことを言われたのなら、それは本当にダメなところなのだから、改善する必要はあるだろうが、大抵の場合はそんなことはない。ダメ出ししてくる人もいれば、してこない人もいる。つまり、ダメ出しなんて、「その人がそう感じている」という個人的な意見でしかないのだ。「あぁ、この人はこう感じているのだな」と思って終わり。自分に必要だと思わなければ取り入れなければいい。

また、人にダメ出しをすることは面倒なことだから、面倒だとわかっていても言ってきてくれたことに対して、「ありがとうございます」と思うことも必要かもしれない。

中には、言われた内容にハッとさせられることもある。これは、大きな気づきをもらえたということだ。これは、ダメ出しというよりも、自分を飛躍させるためのアドバイスであるのだから、傷つくどころか、むしろラッキーなことであると思う。結果として、相手に感謝の気持ちすら湧いてくるだろう。

こう見ていると、ダメ出しなんて傷つくことではないことがわかるのではないだろうか？

ダメ出しをされたとき、それに対してネガティブな感情を持てば心が固くなる。それが相手にも伝わるから、その場の空気も固くなってしまう。

私なら、ダメ出しをポジティブに受け取っていく。ダメ出しをニコニコしながら聞くことさえあるくらいだ。相手が、「この人は話を聞く意思があるな」と思ってくれれば、何かにつけてアドバイスをしてくれるようにもなっていく。

つまり、口うるさいと思っていた人が、いつの間にか自分のよきアドバイザーになっていくことだってあるということだ。
ダメ出しとは、あるポイントを改善するためのアドバイスである。ダメ出しをされたからといって自分の人格を否定されたわけではない。ダメ出しではなくて、アドバイス。こう受けとめていけばいい。

オーラを持つ人間になる

自慢話は好きではないんだよ

「自己顕示欲」というものがある。「人から注目されたい」「自分を認めてほしい」という欲求だ。ついつい人に自慢話をしてしまうという方は多いと思うが、私は、誰かが自慢話をしている姿を見ると、いつも「もったいないな」と感じてしまう。

昔、大手テレビ局のディレクターを務めていた方の施術をさせていただいたことがある。この方は、大物芸能人たちと一緒に数多くの番組をつくってきたという実績を持っている。興味があったから、そのお話を伺わせていただいていた。しかし、この方は、どこかであまり乗り気ではないような雰囲気を出していたのだ。そんな中で、ポツリとこうおっしゃった。

「今でこそ、こういうことは話すようにはなったけど、昔は話さなかったんだよ」と。なぜかと尋ねると、「こういう話は、自慢話みたいになってしまうでしょう。私は、自慢話とか、好きではないから」。これを聞いて、私はこれ以上、この話を続けるべきではないと思った。

　このときのことは、今でも強く心に残っている。そして、こういう方のことを「本物」と言うのではないかと、私は思っているのだ。

オーラとは何か？

　自分が積み上げてきたものが100あるとする。自慢話をするということは、この100をどんどんと見せていくということだ。もっと言えば、100以上に虚飾してしまうのかもしれない。

　しかし、これでは、逆効果もいいところ。見せてしまえばしまうほど、あるものがどんどんなくなっていくことに気がついてほしい。そのなくなっていくものとは何か？　それは、「オーラ」である。

　100あるとしても、これはできる限り見せないほうがいい。見せなければ、自分をアピールできないんじゃないかって？　心配する必要はない。見せていない部分こそが、オーラとなって表れてくるのだ。100を持っていて、1しか表に出さなければ、その裏に隠れている99がオーラとなって表れてくる。

　自分をアピールする上で重要なのは、いかに力を蓄えるのか、そして、それをいかに見せないかだ。これで、オーラのある人がどういう人なのかがわかっただろう。「しっかりとした実力を持っているのに、それを表に出していない人」。オーラを持っている人には、いつも余裕を感じさせる雰囲気が漂っている。

本物の魅力というのは、表に出ている部分ではなくて、陰に隠れている部分のことを言うのだ。自慢話をしている方も、それを聞かされている方も、心が固くなっていくだろう。自慢話をしていても、得なことは何もない。

自分をアピールしようとすればするほど、そこから遠ざかってしまうということを覚えておくべきである。

出し惜しみすることなく教えていく

人に教えたからといってライバルが増えるわけではない

私がいる施術の世界では、当然ではあるがテクニックや理論を学んでいく必要がある。テクニックを学ぶためには、学校に通うとか、セミナーに通うとか、それなりのお金と労力を費やさなくてはならない。そうして積み重ねてきたものは、いろんな意味で自分の財産になっていくのだが、ある程度のキャリアを重ねていくと、ある場面に出くわすことになる。同業者や、後輩からそれを「教えてください」と頼まれるのだ。しかも、無料で。「自分はお金をかけて学んだのに、それを人に無料で教える？」。この葛藤がいつもついて回る。

ある先生がこういうことに対して、「人に技術は教えないほうがいい。ライバルを増やす必要はない」とおっしゃっていたのだが、私はそうは思わない。

仮に、イチローさんが、そのバッティング理論の極意を人に教えたとしよう。では、それを教わった人は、イチローさんと同じレベルの成績を残せるようになるのだろうか？　なるわけがないだろう。

百歩譲って、イチローさんと同じレベルにまで上がってきたとしても、その頃にはイチローさんは更に高いレベルにまで到達しているはずだ。人に教えたからといって、ライバルが増えるわけではない。また、技術を教えたくらいなもので自分のポジションが脅かされるのであれば、遅かれ早かれ、それは崩れていくのではないだろうか。

「人に教えない」ことはもったいない

「人に教えない」というスタンスは、自身の外側との流れを閉ざしていることになるから、気の出し入れがない分、自分の心が窮屈な思いをしてしまうだろう。私が見てきた凄腕の先生たちは、あけっぴろげに何でも教えてしまう。一切の出し惜しみをしない。こうやってガンガン外への流れを生み出していくから、次から次へと新しいテクニックや理論が自分の中に入ってくるのだ。

「これを受ければ、誰もが笑顔になる」という施術があるとしよう。これを自分だけのものにしていれば、自分が施術をした方たちだけしか笑顔にすることができない。しかし、ここで自分が10人に教えたとすれば、10人が施術した方たち全員を笑顔にすることが出きる。自分1人が幸せになればいいと思っている人と、たくさんの人たちが幸せになればいいと思っている人。どちらのほうが幸運に恵まれるだろうか？　答えは、言うまでもない。

宇宙は、真空状態を嫌う。今持っている最高のものを外に出せば、その空いたスペースにはそれを上回るものが自然と入ってくる。10の価値があるものを出せば、20の価値があるものが入ってくる。20を出せば30。30を出せば40。これが、宇宙の原理なのだ。これがわかっている人は、どこまででも進化をしていける。

無料で教わった人はラッキーだろうが、一番得をしたのはそれを教えた人だ。教えたリターンとして受け取れるものは、教わった人の比ではないのだから。

逆境はチャンスだ

恵まれない環境だとしてもやることはある

私が整体学校に通っていた頃、学校と並行する形で、台湾マッサージの店でアルバイトをしていた。まずは学校に行って、それが終わったらアルバイト先に向かう。当時はそんな生活を送っていた。

アルバイト先には、あるルールがあった。身体の施術は、女性スタッフが担当する。男性スタッフは、足ツボの施術のみ。このお店では、私は足ツボしか担当させてもらえなかった。

お客様は、全身の施術をご希望される方が多い。だから、私はあまり施術に入れない。女性スタッフが次々に仕事に入っていく光景を、ずっと控室で眺めていた。しかも、給料は完全歩合制だから、稼ぎも女性スタッフのほうが断然有利だった。

正直、おもしろくはなかった。不満がなかったと言えば嘘になる。しかし、私はここで腐ったりはしなかった。足ツボしか担当できないのであれば、そこで勝負をするしかない。ここで徹底的に足ツボを研究し、磨き上げた。また、空いている時間には、そこにいた先輩スタッフをつかまえて練習に付き合ってもらっていた。この練習のときに、台湾マッサージの技術をたくさん習得することができた。今でも、ここで磨いた足ツボが私の武器になっている。台湾マッサージの技術も同じだ。ここでの経験が、今の私の大きな財産になっている。

ふと考えることがある。もし、最初に入ったお店が、恵まれた環境だったらどうなっていただろうか？　始めから、どんどん施術に入れる環境で、お客様からも支持をされていたら、どうなっていただろうか？　もし、こうだったとすれば、間違いなく今の私はいないだろう。天狗になって、そこまでの努力をしなかったと思うからだ。

逆境はチャンスである

稼ぐためには、足ツボを磨くしかない。足ツボで、お客様をつかまえるしかない。こういう状況だったからこそ、私は懸命に努力をしていけた。そして、この姿を見ていたあるお客様が、私のことを気にかけてくださり、「お酒を飲みに行こう」と誘ってくださって、この方から何度もお酒やご飯をご馳走していただいた。この時期は、こういう人の優しさにも触れることができていた。

シドニーオリンピックで金メダルに輝いた女子マラソンの高橋尚子さんは、こういう言葉を紹介している。「何も咲かない寒い日は下へ下へと根を伸ばせ。やがて大きな花が咲く」。

もし、あなたが今、恵まれない環境の中にいるとしても、そこで腐ってはいけない。こういうときにこそ、徹底的に自分の実力を磨くべきだ。私は自身の経験から、ハッキリと言うことができる。「逆境はチャンスである」と。

下へ下へと伸ばした根が、いつか大きな花を咲かせることになるのだ。今、やれることを精一杯やろう。それは、いつか必ず報われる。

自分の身体にこだわりを持つ

すごいアスリートは施術に対してもこだわりを持っている

お客様の中には、ワガママな方がいる。こちらの施術の段取りなどは一切無視して、「こうしてほしい、ああしてほしい」と注文をつけてくる。施術を進めていく中で、あくまでも「主導権は渡さないぞ」と言わんばかりである。ただ、私は、こういうお客様が苦手ではない。むしろ、自分の意思をしっかりと伝えられるという点では、すごくよいことだと思っている。

私が身体を診てきたアスリートの中には、こういうタイプが多かった。アスリートに対しては、「ワガママ」という言葉は適さないかもしれないが、自身の身体のケアにこだわりを持ち、「こうしてほしい」という明確な意思を伝えてくる。そして、私が施術をしていても、質問をしてくることが多い。「今、何を目的として、どういう施術をしているのか」。これが知りたい。施術の意図を理解した上で、施術を受けていきたい。これはすごくよいことである。

例えば、私が高校野球の同じチームの選手たちを次々に施術していくとしよう。実際にプレーを見たことがなくても、施術をしているだけで、その選手がレギュラー選手か補欠の選手かを見分けることができる。

その見分けるポイントの1つが、こういうことだ。私が「どうしたいですか?」と聞いたときに、「とりあえず疲れているので、揉んでください」という選手は、たいして出世はしない。「こういう動きの中で、ここが動かしにくいから、動かせるようにしてください」といった具体的な注文をしてくる選手は出世していく。

明確な意図を持って身体を動かしているのであれば、その身体のケアにこだわりが生まれてくるのは当然のことだ。施術への注文の中身で、その選手が普段、どういう意識を持って身体を動かしているのかが見えてきてしまう。

病院の中でもワガママな患者は長生きをするそうだ

あるお医者様からお伺いした話なのだが、ワガママな患者さんのほうが長生きをするらしい。「医者の言いなりになんかならない」といった態度で、入院してもワガママを言いっぱなし。治療を勧めても、気に入らないものは断固として断ってくる。このこだわりが生命力の強さに繋がってくるのだろう。

私は、これでいいと思っている。自分の身体は、自分のものだ。相手が医者だろうが、整体師だろうが、自身の身体の主導権は渡すべきではない。ビジネスを行う上でも、身体は資本となる。資本となる身体にこだわりと持つということが、そのままビジネスの向上にも繋がっていく。いや、ビジネスだけではない、生き方そのものになると言っていい。

「自分はこうしたい」という目標を持っている人間は、生き方がブレない。だから、何をするにしても、相手に明確な意思を示し、要求をしていくことができる。身体へのこだわりは、そのまま生きる姿勢へのこだわりとなっていくのだ。

勝つことよりも美しさ

心技体すべてにおいて他の選手を圧倒すること

リオ・オリンピック、男子柔道金メダリストの大野将平選手。リオでの大野選手は素晴らしかった。圧倒的な力で他の選手たちを全く寄せつけず、オール1本勝ちでの金メダル獲得。

彼が残した言葉、振る舞いが素晴らしかった。表彰式の壇上でガッツポーズを見せることもなく、笑みもこぼさなかった。礼に始まり礼に終わる。敗者を侮辱しない柔道の精神を見せた。

試合後のインタビュー、大野選手の言葉に鳥肌が立った。「自分が求めている柔道は、力と美しさがなければいけないと考えています。〝心技体すべてにおいて他の選手を圧倒すること〟が私の目標です」。

これこそが最上級の答えだと思う。この意識でいるときに、人間は限界を超える。ある人間が持っているものを完璧にこなし、その行為が極限にまでたどり着いたとしても、それだけでは限界を超えることはない。自分にできることを目一杯果たしたとしても、それは器が満たされただけに過ぎない。人間が完全であることを目指すとき、自らの限界を超え、神がかった力を発揮するのだ。

いろんなジャンルの競技に共通することだが、これまで肉体的に不利となる小柄な選手は、小さいからスピードでは負けないとか、細かな技で勝つなどと言ってきた。しかし、大野選手は違っていた。彼は、「心技体のすべてで、他の選手を上回らなければいけない」と言い、それを自分に要求した。完全な柔道を求め、そこにゴールを置いた。これゆえに、完全なる世界に近づいたのだ。

ビジネスのライバルたちにどう勝ちたいのか？

これは、ビジネスの世界でも同じことが言える。「同業他社に勝ちたい」「営業成績で同僚たちに勝ちたい」。仕事の上で、ライバルたちに勝ちたいと願ったとしても、どういう勝ち方をするのか。ただ、売上げの面だけで勝てば、それでいいのか？

ただ、勝てばいいのではない。どういう勝ち方を目指すのか、ここが問われるのだ。ただ勝ちにいくだけの人生では、たとえ勝ったとしても美しくない。そこにきちんとした礼節があるか。勝ったときに、敗者への礼儀があるのか。心技体、すべてにおいてライバルたちを圧倒しようと目指したときに、自らの限界を超えた世界が近づいてくる。

この境地にたどり着いたときにこそ、思いもよらない領域の力が発揮できるようになるのだ。目標に近づいていく過程において、美しさをイメージしてみればいい。「勝ちたい」と、それだけを思っているのであれば、様々なプレッシャーで心が固くなる一方だ。心が固くなっていれば、本来の実力など発揮できるわけがない。「勝つ」よりも、「美しさ」。

願ったとおりの人生を歩みたいのであれば、これを頭に入れておいていただきたい。

人間的成長なくして技術的進歩なし

人間的成長なくして技術的進歩なし

元プロ野球選手であり、監督でもあった野村克也さんがこんなことをおっしゃっていた。「人間的成長なくして技術的進歩なし」。人間的な成長をしないと野球技術の進歩も望めない。野球人の前に社会人なのだ。まずは社会人としての常識を身につけなさい、と。

スポーツの世界では、技術的な指導の前に、人間としての礼儀を教える。挨拶、言葉遣い、立ち振舞い。私も子供の頃はスポーツを習っていたが、当時はこんなことは関係ないと思っていた。しかし、今になれば、このことが十分に理解できる。人間としての礼節がなければ、技術的な向上は望めないということを。

以前、私は同業者の後輩からこういう質問を受けた。「どうすれば、僕もスポーツ選手の施術をできるようになりますか？」。私はこう答えた。「技術的な勉強と並行して、自分の人間性を磨いていくということを意識してください」。私は、施術における技術力も大事ではあるが、その前に選手から、「この人に身体のケアをしてもらいたい」と思ってもらえるような、人間力を身につけることも重要であると考えているからだ。

人間としてのあり方を考える

「一事が万事」。一事を見れば、他の万事も推測することができる。1つの気は、すべてと繋がっている。そして、すべての気は1つと繋がっているのだ。1つの気が乱れてしまえば、それが連鎖して、すべての気に影響を及ぼしていってしまうことは明らかである。

「元不良」という肩書を持った格闘技の選手が、選手としての格が上がっていくのと比例するかのように、その過去が信じられなくらいの穏やかな人間性を身につけていくということがある。これは、選手としての成長とともに、人間としての成長も遂げていったということの表れだ。

何の世界でも、一流と呼ばれる人間には魅力がある。講演会に行っても、テレビで見ていても、一流の人間の話は面白い。何よりも、彼らは自分の言葉を持っている。そして、自分の言葉で語ることができる。だから、人の心に言葉を響かせることができるのだ。

自分を磨いていく中で身につけていった言葉は、たくさんの人を惹きつけるのだろう。これが、一流と呼ばれるまでの階段を上り続ける中で、人間としての力も磨いていったという証だ。

身体と心は繋がっている。何の世界でも、技術を身につけたいのであれば、心を変えていく必要がある。技術が身についていくということは、心も成長していくということだ。反対に言えば、心が変わらなければ、技術だって身につけることはできない。

お笑いタレントの萩本欽一さんは、こんなことをおっしゃっていた。芸人の世界で、「あいつはおもしろいから使ってやろう」ということは、ほとんどないそうだ。これを聞いたとき、意外だなと思った。お笑い芸人の世界で、「おもしろいから起用してもらえる」ということは当然だと思っていたのだが、実際にはこういうケースはあまり見受けられないらしい。では、どういう芸人が使ってもらえるのか。それは、よい人間性を持った芸人。「あいつはいい奴だから使ってやろう」ということが、ほとんどらしい。何の世界でも、技術があるから、能力があるから、それだけで起用してもらえるとは限らない。むしろ、そこまでの技術はなくても、そこまでの能力はないとしても、よい人間性を持っているから起用してあげようっていうケースのほうが多いのではないだろうか。

人生を歩んでいく中で、人間力を磨いていくという意識はいつも持っていたいものである。人間力がないところには、運もチャンスも、地位も名誉も富も、何も集まってはこないのだから。ビジネスの前に、まずは人間としてのあり方を考える必要があるということだ。

第6章

心をやわらかくして
夢を叶えていく

勢いよく手を挙げる

チャンスはそこに漂っている

昔、あるテレビ番組を見ていた。それは、何人かの志願者が登場してきて、勝ち残った1人がラーメン屋の店長になれるという企画。店のオーナーと、志願者たちの初対面の場面。開口一番、いきなりオーナーがこんな質問をした。

「この中で、これだったらこの中にいる誰にも負けないって特技がある人いますか？」

静まり返った室内で、たった1人だけが手を挙げた。その瞬間、

「よし、合格。2次審査の通知は後日するから。もう帰っていいよ。合格だから。OK、いいよ」。

合格者が1人、部屋から出ていった後、オーナーは他の志願者たちにこう言った。

「今、何で他の人たちは手を挙げなかったの？　チャンスっていうのは、常にそこに漂ってるんだよ。それをつかむかつかまないかだけの違いでさ」。

オーナーは、その特技を見せてくれとは言わなかった。いや、その特技が何であるのかさえ聞かなかった。ただ、すぐに手を挙げたという、それだけで合格にしたのだ。

即決して、すぐに手を挙げるということ

お客様から、「知合いにこういう人がいるんですけど、身体を診てもらえませんか？」と頼まれ

ることがある。こういうとき、私はすぐに「いいですよ」と答えるようにしている。正直、その紹介された方のお身体の悩みが、私が診ることができるレベルの範囲内かどうかはわからない。しかし、そういったことよりも、まずは「即決」という勢いが大事だと考えているからだ。

勢いよく決めて、それから施術に入ったときには、不思議な力が宿ることがある。こういうときは後で振り返っても、「我ながら、すごい施術ができたな」と感心してしまうような、よい仕事ができてしまうものなのだ。

施術以外の仕事の世界でも、「誰かやってくれる人いるか？」と聞かれることがあると思う。こういうときに、あなたはすぐに手を挙げているだろうか？「自分には荷が重い」と不安になったとしても、まずは「すぐに手を挙げる」という勢いを大事にしてほしい。この「すぐに手を挙げる」という度胸が、自身の能力を飛躍させていってくれる。

勢いよく決断したことには、強い「気」が宿っている。「即決」したことは強い。私は、選択の場面が目の前にやってきたら、即決することを意識している。目の前のことだけを考えれば、よく考えるということも大事かもしれないが、その後の流れを見たらどうだろうか？　考えて、考えて、やっと出した結論には勢いがないだろう。

勢いよく流れていくためには、決断のときにもそれが求められる。思い切って手を挙げるという、度胸とスピードは、その後の自分の背中を押す追い風となってくれる。

根拠がなくても自信を持つ

自信を持つことに根拠はいらない

私は、長年にわたって整体の仕事をしてきたが、ずっと「お客様を施術する」というだけの活動では物足りないと思っていた。整体師としての私の仕事は、単に「身体の調整をする」ということにとどまらない。お客様のお身体を施術して、身体と心の調整をする。そして、身体も心も元気にさせて、お客様が「よし、明日からも笑顔でいこう」と思えるような活力を与えること。その先には、「お客様の人生を応援する」という大きなテーマがある。

いつの頃からか、「文筆業」というものに憧れを持つようになった。自分が発信した文章で、多くの方たちの人生を応援できるのだとしたら、それはどんなに素晴らしいことだろうか。

「自分の本を出す」ということを目標として設定した。いつか本を出したい。でも、本を出すためには文章力が必要になる。まずは、それに見合うような文章力を身につけなければならない。

本を出すことを目標に定めたときから、私は匿名でのブログを始めた。そこに、毎日文章を書き込んでいった。今になって考えれば、当時の私の文章など読めたものではないが、数をこなさなければ上達していかないのは何の世界でも同じこと。文章を積み重ねていく中で、徐々にコメントをいただけるようになった。「文章力がありますね」などとお褒めの言葉をいただくこともあった。

当時から、私は、プロとして文章を書いているという自信を持っていた。もちろん、ブログを書いたからといって収入を得られるわけではない。しかし、この文章を読んでくださっている方たちがいて、貴重なお時間をいただいているのだから、せめて有意義な文章を書かなくてはならないと、真剣に思っていたのだ。

根拠のない自信を持って突き進んでいけばいい

月日が流れた今、こうして私は本の原稿を書いている。当時、本を出すということに何のコネクションも持っていなかった頃から、自分が本の原稿を書いているイメージをハッキリと持っていた。「根拠のない自信」という言葉は、あまりよくない意味で使われるが、私はあえて「自信を持つことに根拠などいらない」と言いたい。自信を持つということは、まさに字のとおりで、「自分を信じる」ことに尽きるのだ。

「大きなことを目標に持ち過ぎる」などと、人から言われたことがある。しかし、そんなことは全く気にする必要はない。言いたい人間には言わせておけばいい。現に、今の私を見てほしい。かつて、根拠のない自信を持ち、文章を書き続けてきたからこそ、こうして本の原稿を書くことができているのだから。

目標を持ち、それに到達したときのことをイメージしよう。そして、到達できるように準備をすることだ。これができれば、自身の目標を達成することができる。

「韓信の股くぐり」

「韓信の股くぐり」という話

昔、中国に、「国士無双」と謳われた人物がいた。「国士無双」とは「天下に並ぶ者がいないほどの優れた人物」という意味だ。その名は、韓信。漢の天下統一の際、大きな功績を残した武将である。

韓信は、若い頃、大きな身体をボロで包み、腰に長剣をさして歩いていた。そのとき、街のならず者がからかい半分で言いがかりをつけてきた。「その長剣をおれに刺してみろ。刺せなきゃおれの股をくぐれ」と、衆人の前で脅しあげてきた。このとき、韓信は、湧き上がる感情をグッとこらえ、這って股をくぐった。その後、韓信は大成し、天下統一のために活躍をしていくのであった。

なぜ、韓信は、屈辱に耐えることができたのか？　それは、韓信には大きな志があったからだ。成し遂げなくてはならない大きな志があった。目の前のならず者を斬ってしまったら、そこにたどり着けなくなる。自身の志のために、ならず者の股の下をくぐるという屈辱を躊躇することなく選んだという話である。

本当の意味での意地とは何だろうか？

どの業界でもそうだろうが、理不尽なことを言ってくるお客様はいるものだ。また、職場でも、そういったことがあるだろう。もちろん、私にもそういう場面は数多くあった。

ただ、昔から、私は、「自分はいつか、有名になるかもしれない」と思っていた。こういうとき、いつも「自分は有名になるのだから、こんなレベルの低い争いをしてはいけない」と自分に言い聞かせることで、グッと気持を抑えてきた。

ケンカというものは、結局は、同じレベルの人間同士がぶつかり合うことで起こるものなのだ。レベルが大きく違えば、そもそもケンカにはならない。「目の前にいる人間と、自分は同じレベルなのか？」と自分に問うてみればいい。

理不尽なことをしてきた相手に対して、怒りの感情が湧き上がってくることがあったとしても、そのときは韓信のことを思い出していただきたい。

「自分にも意地がある。これは我慢できない」。しかし、本当の意味での意地とは何だろうか。目の前にいる理不尽なことをしてきた相手に怒りをぶつけることか？　違うだろう。自身の志のために、それをグッとこらえることではないのか。大きな志を持っている人間は、目の前の理不尽なことにも耐えることができる。

怒りやすいという方は、自身の性格を直そうと思う前に、大きな志を持ってみたらどうだろうか。理不尽な出来事に対して、迷うことなく「耐える」ことを選べるような、そんな志を持っている人間は強い。

怒りを感じさせてくるような相手と、自分が同じレベルに立つ必要はない。自分が向き合わなければならない相手は、もっともっと上のレベルの人間だろう。つまらないことで怒ったとしても、自身の品格を汚すだけで得することは何もない。

人のオーラは3割もらえる

夢を叶えている人には積極的に近づいていく

私は、今まで、ゴッドハンドと呼ばれるような達人たちから施術を教わってきた。先生から施術を教わる。そして、先生が見ている前で、他の生徒さんの身体を借りて施術をする。こういうとき、不思議な感覚を覚えたことが何度もある。先生の傍にいるだけで、施術が格段に上手くなるような気がするのだ。

理由は、なぜだかわからない。ただ、こういう先生には、私が持っている実力以上の何かを引き出してくれる力がある。そして、先生がいないところでは、そこまでの実力が出せなくなってしまうのだ。先生が見ていてくださる安心感なのか？　いや、違う。それだけではない。

ずっとこの答えは謎のままだったのだが、あるとき、この答えとなる言葉に出会うことができた。ある大手企業の重役の方を施術させていただいたとき、その方はこうおっしゃった。

「あなたに、もし、夢があるのなら、それをすでに叶えているような人に近づいていきなさい。その人の傍にいるだけで、その人のオーラを3割もらうことができるから」。

この言葉を聞いたとき、ハッとした。そうだ、そのとおりだと。

あなたには憧れの人はいるだろうか？

以前、成功者と呼ぶにふさわしい経営者の方を施術させていただいたときに、その方のお話を聞かせていただいていた。豪邸に住み、高級外車に乗り、年に何度も海外に豪遊に行き、そんなお話を喜んで聞かせていただいていたのだが、あるとき、その方がこんなことをおっしゃった。

「あなたみたいな方は珍しいよ。普通の人は、自慢話なんか聞きたくないと思って、こういう話は聞きたがらないものだから」。

私は、ここで、「オーラは3割もらえる」ということをお話した。「私は、積極的にこういうお話を伺いたいと思っているんですよ。オーラをどんどんいただきたいので」。すると、この方は笑いながら、「あなたは前向きでいいね」とおっしゃってくださった。

もし、誰かの自慢話に対して、「妬む気持ちがある」ということが理由で話を聞かないのであれば、それはもったいない。妬む気持ちを持てば、どんどんと心が固くなってくる。

成功者に積極的に近づいていって、どんどん話を聞くこと。それができるのであれば、その成功者のオーラを3割もらうことができる。それだけで、自分も成功者に1歩近づいていくことができるのだ。自分の心に普通車仕様のエンジンを積んでいるとしよう。自分で心をストレッチさせていくのであれば、自分が積んでいるエンジン容量の範囲内でしか心を伸ばしていけない。しかし、成功者のオーラをもらうことができれば、どうなるだろうか。成功者が乗る高級外車仕様のエンジンで心を伸ばしていくことができるようになっていく。

成功者のオーラをもらえばもらうほど、自分のスケールが大きくなっていく。人の話は妬まずに聞くことをおススメする。もらえるものはもらっておいたほうがいい、という話だ。

焦らずにじっくりとやっていく

自分の未熟さに気づけるかどうか

私が整体学校に通っていた頃のこと。自分で言うのも気が引けるが、私には多少なりとも才能があったのだと思う。かなり早いペースで技術や理論を吸収していくことができていた。一緒に勉強をしていた他の生徒さんからも、「すごいですね」などと褒められていたから、お恥ずかしい限りだが、「自分は天才かもしれない」などと行き過ぎた勘違いをしていたものだ。プロの現場に出ていくときも全く不安はなかった。「自分はすぐにでも通用する」という自信があったからだ。

そして、いざ現場デビューの時を迎えるのだが、そこで大きく躓くことになった。現場で、お客様からの評価を得ることができないのだ。「施術が下手だ」と、ハッキリと言われたこともある。「なぜだ？　なぜ、自分の施術が通用しないのか？」。理由がわからない。「お客様の感覚がおかしいだけだ」と、お客様のせいにすることで自分を納得させることに必死だった。

そんなモヤモヤとした日々の中で、あることを思いついた。「自分の施術を一から見つめ直してみよう」ということだ。1つひとつ、自分の施術を見直していった。現場で先輩にお願いをして、練習の相手をしてもらった。先輩に私の施術を受けてもらって、正直な感想を聞かせてもらった。ここで、徐々に謎がとけていくことになる。

答えは、単純なもので、「私の施術のレベルがまだまだであった」ということだ。プロの現場には、何年も何十年もプロでやっている人間が立っている。学校を出てきたばかりの私が、いきなりそのレベルで施術を行えるわけがない。私は、自分の未熟さに気づかず、天狗になっていただけなのだ。

ここから、猛特訓を始めた。自分の施術を一からつくり直した。飛び抜かして駆け上がった階段をいったん下まで降りて、改めて1つひとつ、丁寧に上がっていった。整体師として、本当の意味でのスタートラインに立ったのはここからだったように思う。ここから、少しずつではあるが、お客様からの評価をいただけるようになっていった。

有名な落語家さんがおっしゃっていたこと

私が有名な落語家の師匠のお身体を施術させていただいたとき、師匠がこうおっしゃっていた。

「ウサギとカメの話があるでしょう。ウサギはよくないよ。カメにならなきゃ。俺は長い間、落語の世界にいるけど、ウサギで成功した人なんて見たことがないよ」。

「早くに成功したい」、そう思う気持ちはわかる。しかし、階段を飛ばして駆け上がったとしても、飛ばした階段はいずれ下まで戻って、上り直さなくてはならなくなる。そんなことをするくらいなら、焦らずに1段1段をしっかり上がっていったほうがいい。

1つひとつ、目の前にあることに集中をすることだ。3回やって覚えたことは、すぐに忘れてしまう。しかし、300回やって覚えたことは決して忘れない。焦らずに、じっくりとやっていくことだ。

幸せについて考える

「幸せ」の語源は何か？

「幸せ」という言葉はよく使われる。きっと、誰もが「幸せになりたい」と願っていると思う。では、ここで、「幸せ」の語源について考えてみたい。

「幸せ」。これは、「手枷《てかせ》」が語源（手枷は、手錠と同じだと思っていい）。昔、手に枷をはめる刑罰があった。本当は死刑になるところを、「手枷の刑」で命を落とさずにすんだ。命を落とさずにすんだから運がよかった。だから、幸せなのだと。「幸せ」は、ニュアンスとしては「不幸中の幸い」に近いのかもしれない。

幸せの意味は、「宝くじが当たった」「仕事で大成功した」などのように、特別なよいことが起こるということではない。「きょう1日、事故がなかった。病気やケガがなかった」「仕事で大きなトラブルがなかった」。大変なことが起きなかったという、これこそが本当の幸せなのだと。

自分が持っているものに目を向けること

かつて、私は、大きな憧れを抱いて整体の世界に足を踏み入れた。すぐに出世できると、そう信じていた。しかし、現実は甘くはなかった。今までのキャリアを振り返ってみると、順風満帆とはほど遠い道のりを歩んできたことがわかる。苦しさ、悔しさ、辛さ、そんな不遇の日々をずっと過ごしてきた。自分の実力には自信があるのに、それが正当に評価されない。やりきれない思いで一杯だった。

昔、そんなことを、お客様であった経営者の方にこぼしたことがある。すると、経営者の方はこうおっしゃった。

「あなたには、今、健康な身体があるでしょう。五体満足で、人並み以上の大きな身体を持っている。それ以上に何を望むのだ、あなたは」。

私は、この言葉を素直に飲み込んだ。五体満足でいられること、健康でいられること、人並み以上の大きな身体で生まれてくることができたこと。これこそが私の大きな財産なのだと。

何があっても元気な身体さえあれば、とりあえずは何とかなる。そう考えたら、心がスッと楽になっていった。自分にとって、幸せの原点とは、健康な身体なのだ。これがわかってからは、人生における不平不満が極端に少なくなっていったように思う。

アントニオ猪木さんは、自身の危機的状況についてこう語っていた。

「自分が考える危機レベルとは、第一に命があるかどうか、第二に飯が食えるかどうか、そして第三以下はない。とりあえず飯が食えればOKと思っていれば、大概のことは恐れることはない」。

幸せって、こういうことなのかもしれない。命があって、飯が食えれば、それだけでOK。あれがほしい、これがほしい。今、自分にないものを見て、それがないことを不満に思えば、心がどんどん固くなっていく。それよりも、今、自分が持っているものに目を向けること。それに感謝をすること。幸せへの近道は、こういうことなのかもしれないなと思う。

本物の大人になる

立派な大人との出会い

私の人生の転機となった、ある方との出会いについて書こうと思う。当時、私は30歳だった。ある方のお身体を施術することになったのだ。お会いする前から緊張していた。私が好きなスポーツ競技の全日本の社長である。

そして、いざ対面のとき。私は唖然とした。私に対して、大きな声で、「こんにちは。きょうはよろしくお願いします」と挨拶をした後、深々と丁寧なお辞儀をしてくださったのだ。

なぜだ？　60歳近くにもなるこんな超大物が、30歳やそこらの私に対して、なぜここまでの礼を尽くしてくださるのか。私は、ただただ恐縮するだけだった。

施術中の会話も、すべて敬語でお話しになる。私に対して気を遣ってくださり、施術について何度もお褒めの言葉をくださった。そして、施術が終われば、「いや〜、気持よかったですよ。ありがとうございました」と、また深々とお辞儀をしてくださった。

私は、背筋がゾクッとした。言葉が出てこない。心の中で「なんて立派な方なのだろうか」とつぶやくので精一杯。終始、圧倒されていた。

１人の大人との出会いがその後の人生を変える

こういう人物のことを「大人」と言うのだ。若者から、憧れられる人のことを「大人」と言う。私は、それまで、生意気にしていることがカッコいいことだと思っていた。挨拶や礼儀など、している奴はカッコ悪い。突っ張って、生意気にしているくらいがいいんだって、本気でそう思っていた。

しかし、この社長との出会いがあってから、考え方が大きく変わった。生意気にしているよりも、礼儀正しくしていることのほうが何百倍もカッコいい。あの時の社長は、そういう意味で最高にカッコよかった。普通、全日本のトップが、私のような小物に対して、ここまでの礼儀を尽くしてくださるだろうか。社長は、あり得ないことを、当たり前のようにやっていた。だからこそ、あり得ないくらいにカッコよく見えたのだ。

私は、自分がどれほどカッコ悪かったのかを思い知らされた。社長がここまで低姿勢を貫いているのに、なぜ私のような小物が偉そうにできるのかと。

私は、この出会いをキッカケにして、挨拶や礼儀を覚えた。あの時の社長のマネをして、丁寧な挨拶ができるようになった。相手が年下であっても、頭を下げるのが苦ではなくなった。

あの社長のように、深々とお辞儀をすることこそが、最高にカッコいい姿なのだとわかったからだ。1人の立派な大人との出会いが、その後の人生を大きく変えてしまうということがある。あの社長のすべてが、今でも鮮明に、私の記憶に残っている。そして、私もああなりたいと、今でもそう思っているのだ。

絶対に腐るな。準備をしておけ

「絶対に腐らない」という気持ち

私が身体を診ていたJリーグ選手、FW（フォワード）は、そのシーズンの中で、試合はおろかベンチにすら入れないという不遇の日々を過ごしていた。こういう場合、施術をしながら、どういう言葉をかけていいのかに困る。しかし、こういった私の気持ちとは裏腹に、選手にはそういったネガティブな雰囲気が一切ない。

あるとき、「なぜ、試合に出られないのに明るい気持ちで練習ができるのか？」と尋ねたことがある。これについて、選手はこう答えた。「高校のとき、先生から言われてたんですよ。絶対に腐るなって。試合に出られなくても腐るな。準備をしっかりしておけって」。

そこから2か月後。相変わらず試合には出ていなかったが、ベンチ入りのメンバーには選ばれるようになった。そして、チャンスがきた。1点差で負けていた後半残り15分、途中出場でピッチに飛び出していったのだ。その2分後、相手側ゴール付近にいた彼の目の前にボールが転がってきた。彼は足を振り抜いた。そのボールは、相手チームのゴールキーパーの足をすり抜けてゴールネットに突き刺さった。

スタジアムが大歓声に揺れた。彼は、ベンチにいる選手たちの元に駆け寄り、みんなで抱き合って喜んでいた。翌日の新聞では、大きな見出しとともに、彼がヒーローとして取り上げられていた。私は、この光景を見ていて鳥肌が立った。そして、選手が言った「絶対に腐るな」と、あの言葉がフラッシュバックしたのだ。

このゴールは、決して技ありのゴールではない。運よく目の前に転がってきたボールをただ蹴り込んだだけのものでしかない。しかし、ゴールはゴールだ。そして、その運を引き寄せたのは何か？それは、「絶対に腐らない」という彼の気持ちだったのではないだろうか。腐らなければ、チャンスはやってくる。そして、運もやってくるのだと、彼はそれを体現して見せてくれたのだ。

スポットライトが当たらなくてもそこで準備ができるかどうか

一般のビジネスの世界でもこれは同じだろう。不遇の日々を経験することもあると思う。そんな中でも、自分はどうあるべきなのか？　そこで、自分は何をするべきなのか？

誰だって、スポットライトを浴びる位置に立っていれば、張り切ってやることはできる。しかし、ライトが当たらない位置ではどうだろうか？　それでも、モチベーションを高く維持できるだろうか？　ここが、大きな分かれ道となる。

「絶対に腐るな」。そう、腐ってはいけない。腐ったら、そこですべてが終わってしまう。腐らずに準備をしていれば、そこにチャンスはやってくる。そして、運も引き寄せることができるのだ。どんなときでも、前を向いて、しっかりと準備をしておかなくてはならない。

チャンスはあるよ

「チャンスはあるよ」という言葉の意味

私は、20代の半ばで整体の道に入ったのだが、その頃から自身の人生設計として、「20代のうちに開業すること」を目標に置いていた。そして、29歳のときに、そのイメージどおりに開業まで漕ぎつけたのだが、ここからが苦難の始まりだった。

結果から申し上げると、これは大失敗だった。今になって考えれば、失敗すべくして失敗したことがわかる。開業をする場所の選び方はもちろんのこと、何もかもが全くなっていなかった。集客ができない。宣伝をすることもしなかった。お客様がこないから、毎日が暇で仕方がなかった。

何をやってもうまくいかない時期というものはあると思うが、当時の私はまさにそんな感じだった。そんなとき、数少ないお客様であった大企業の重役の方が、こうおっしゃってくださった。

「人生には、チャンスはあるよ」と。

当時の私には、この言葉が信じられなかった。「自分にチャンスがやってくるというイメージが湧かないんですよ」とお答えしたら、「それなら、今は力を蓄える時期だ。力を蓄えなさい。いつかチャンスのときはくるから」と。あの頃、私は、「ここは自分の居場所ではない。もっと自分の能力が生かせる環境をつくらなくてはならない」と、いつも思っていた。この状況から抜け出してやると、そう思っていた。

当時、仕事はなかったが、時間だけは贅沢にあった。やることがないから、本を読んでいた。私の施術室には、いつもたくさんの本が積まれていた。「願望実現」の本をたくさん読んだ。どうすれば願いが叶うのか、それが知りたかった。自分の目の前にある現実を変えたい。その一心で。

当時の私には、力を蓄えているという感覚はなかった。ただ、持て余した時間を少しでも有意義に過ごしたいという思いで、本を読んでいただけだ。ここで私は、本を通じてたくさんの言葉に触れることができた。様々な哲学に触れることができた。


力を蓄えていればチャンスをつかむことができる

あれから何年もの月日が流れた。そして今、私は、本の執筆をするというチャンスに恵まれている。本の執筆をするというチャンスは、誰にでも訪れるものではない。また、チャンスがやってきたとしても、その全員に、1冊の本を書き上げるだけの力があるとは限らない。

では、なぜ、私はこうして本の原稿を書き上げることができているのか？　それは、あの頃に力を蓄えていたからだ。山ほどの本を読み、たくさんの文章に触れたことによって、自然と「文章を書くこと」へのセンスが磨かれていった。

今になって、やっとあの方のおっしゃっていたことが、自身の人生経験を通して実感できるようになった。力を蓄えていれば、チャンスがきたときに、それをしっかりとつかみ、力強く突き進んでいくことができる。だからこそ、チャンスがやってきていない時期には、しっかりと力を蓄えておく必要があるのだと。

無心でやり続けること

「トライ・アンド・エラー」で成功する

プロとしてパチンコをやっている方からお話をお伺いしたことがある。パチンコで勝つ秘訣は？答えは、「無心で打ち続けること」だそうだ。

回転する台を見極める。台の狙いを定めたら、あとは無心で打ち続けるだけ。パチンコを打っていれば、スーパーリーチがきても（当たりそうだと思わせておいて）外れてしまうことがある。ここで心を乱さないこと。イライラとか、落ち込むとか、マイナスの感情に支配されない。当たりを引きたいのであれば、無心でひたすら打ち続けるしかない。ギャンブルのように「いかに運を味方につけるか」が勝負となる世界では、普段よりもさらに心をゆるめておく必要があるのだろう。

ビジネスで成功する秘訣は、「トライ・アンド・エラー」であると言われている。１つトライをする。そこで出た改善点を修正する。そして、またトライをする。トライして、改善して、またトライをして、これを繰り返していくこと。

どんなビジネスのスペシャリストだって、預言者ではないのだから未来のことまではわからない。だからこそ、成功するまで回数をこなしていくしかないのだ。回数をこなしていける人間は強い。何度もやり続けられる人間は、遅かれ早かれ成功していくようになっているのだ。

目の前のことに一喜一憂しない

私は、施術の世界で、後輩に指導するときに言うことがある。「施術をしていくときに、お客様の反応に対して一喜一憂をしないこと」。

お客様から褒められたとしても、そこで喜んでしまうと、今度は褒められなかったときに落ち込むことになってしまう。また、何の反応も示してくださらないお客様と出会ったときに、「自分はダメだったのではないか？」などと不安にもなる。

ただ、10人のお客様を診て、10人全員から絶賛されることはまず不可能である。これは野球と同じで、10人を診て3人から絶賛されるような、「打率3割」だってすごいことだと言える。褒められても、必要以上に喜ばない。反応が悪くても、必要以上に落ち込まない。一喜一憂せずに、淡々とこなしていくことが重要になる。

いつも、自分の気を整えておくことを意識したい。気が整うということは、自分の中を巡る気も、自分の中と外とを巡る気も、スムーズに流れているということだ。運がよい人に流れている気は、いつもスムーズに巡っている。運がよい人をイメージしてほしい。いつも力が抜けていて、ニコニコしていると思わないだろうか？　気がスムーズに流れているところに、運はやってきてくれる。

思うような結果が出るまで、無心でひたすら数をこなしていけばいい。繊細にならずに、あえて鈍感な精神で行っていただきたいと思う。

目標は達成できる

目標設定をすること

私は、今までにプロアスリートの身体を数多く施術してきた。もちろん、今も施術をしている。では、なぜ、こうしてプロアスリートの施術をするようになったのか？

今回、改めて思い返してみたら、あることが思い出された。私が整体の学校に通っていた頃、自分の中で、「プロアスリートや著名人などを当たり前のように施術ができる人間になる」と目標を立てていた。だから、「とりあえず整体の勉強をしよう」と思って通っていた他の生徒さんたちとは、学ぶ意欲が違っていたように思う。当時、学校の先生から、「熱心ですね」と褒められていたが、それは自分が打ち立てた目標の高さから生まれてくるものだったのだ。

重要なのは、目標を設定することだ。ハッキリとした目標を設定して、そこに突き進んでいく気持ちがあれば、自然とやる気など湧き上がってくるようになる。

当時の私は、プロアスリートとのコネなど何も持ってはいなかった。ただ、自分の中で勝手に、「こうなる」と決め込んでいただけた。そこから月日が流れ、気がついたときには、その目標を達成している自分がいた。

施術の世界において、プロアスリートの身体を施術するということは、そこまで難しいことではない。何かの流れで、施術する機会はあるものなのだ。だが、ここからが問題になる。アスリートからの信頼を勝ち得て、アスリートが自分の元に通ってくれるかとなったら、そこにはそれ相応の実力が求められてくると思う。プロアスリートを1回だけ施術したということと、ずっと施術をしているということは、全く違うものであると言っていい。

なぜ私は目標を達成できたのか？

それは、プロアスリートの施術をするという目標を立てていたからだ。そして、その準備をしていたから。チャンスがくる前から、プロアスリートへの施術を行う上での技術や理論を学んでいたから、目の前にチャンスがきたときに1発でそれをつかむことができた。

「準備をしている者にはチャンスがやってくる」。この言葉のとおりである。目標を設定して、そこに集中をする。そうすれば、目標と自分との間に強い気が流れ始める。強い気を走らせていれば、目標を達成する上でのチャンスにも恵まれるようになっていく。

世の中で大きな目標を達成してきた人間が、必ずと言っていいほど言うセリフがある。それは、「自分は運がよかった」ということ。そういう人物は、謙遜でも何でもなく、素直な言葉としてこう語る。「自分は運がよかっただけだと思うんですよね。タイミングとか、人との出会いとか、本当に運がよかった」。

私が出会ってきたビジネスの成功者たちの幸運は、信じられないほど長続きしている。なぜなら、それは彼らが挑戦を続けているからだ。強い気持ちで目標を立て、その準備をし、挑戦を続けているからこそ、幸運に恵まれることができている。そして、彼らが言う「運がよかった」ということの意味は、宝くじが当たったときの運のよさとは全く違うものだと思っていい。この運は、たまたま当たったものではなく、自分の実力で手繰り寄せたものだからだ。古いことわざに、こういうものがある。「お金持ちに生まれるより、運がいい人に生まれるほうがいい」。どれだけのお金のある家に生まれてきたとしても、運のいい人には適わないという意味だ。

運を引き寄せるためには、目標を設定して、その準備をすることだ。ここから、すべては始まっていくのだから。

おわりに

「心はどこにあるだろうか？」。こう質問をすると、大抵の人は、胸のあたりに拳くらいの大きさの形をつくって、「このあたりでしょうか？」と答える。心は、その位置も大きさも、心臓と同じようなものだと思っているのだろうか。他には、「心は脳の中にある」「身体がすべて心なのだ」という答えも聞こえてくるかもしれない。心は、身体よりも小さい。また、どんなに思い切っても、せいぜい身体と同じくらいの大きさであると、多くの方はこう考えているのだろう。

しかし、これらは正解ではない。身体の中に心があるのではない。心の中に、身体があるのだ。心は身体よりもずっと大きい。大きな心の中に、すっぽりと身体が包み込まれている。こういうイメージを持っていただきたい。

世の中には、世界中の人たちの平和を願い、世界をまたにかけて活躍している人たちがたくさんいる。こういう人たちの心は、拳くらいの大きさしかないと思うだろうか？　そんな小さな心で、世界中を見渡すことができると思うだろうか？　こういう人たちの心は、世界中を包み込むほどに、果てしなく大きい。

「心は自分の身体よりもはるかに大きい」。これを知らないばっかりに、本来であればもっと大きく使っていいはずの心を、限りなく小さなままでしか使えていない人たちがどれほどいることか。

筋肉だって、使っていなければ縮こまってしまう。それと同じで、心も、ずっと縮こまったままで生活をしていると、大きく拡げて使うことができなくなってしまうのだ。

仕事の中でも、ちょっとしたことで腹を立てたり、他人のミスが許せなくなったりするのは、心が縮こまっていて、小さくしか物事を考えることができなくなっているだけではないのか。

あなたが何かに対して笑えるとき、あなたの心はその何かよりも必ず大きい。だから、気の小さな人、心の狭い人は、心から笑うことができない。そして、ちょっとした冗談にも腹を立てたり、傷ついたりしてしまうのだ。心が広いとか、狭いとかいう表現があるが、これは文字どおりの意味なのである。心が広い人というのは、心の本来の大きさを知っている人。心の狭い人は、せっかくの大きな心の隅っこに縮こまっている人。

怖いと感じる、不安に思う、何かにカッとなってしまう。その理由はたった1つ。あなたの心が、あなたの置かれた状況よりも小さくなってしまっているから。ただ、それだけなのだ。

私は、人前で話をすることが苦手であった。大きな会場で、たくさんの人がいる前に立つことを想像するだけでも、冷や汗をかいてしまうような人間だった。あるとき、まさにこういう場面で話をしなくてはならなくなった。緊張して、緊張して、居ても立ってもいられない。この場面で、人前に立つ直前に腹を括った。自分の心を、大きな会場全体を包み込むようにと大きく拡げていったのだ。

天井をグッと見上げる。そして、会場の1番遠くにある壁を見つめた。自分の心が、会場一杯に大きく拡がっていったら、さっきまであった緊張が嘘のように吹き飛んでしまった。意識を遠くに向けるだけで、心のストレッチができる。心をストレッチして拡げる習慣を身につけておけば、大抵のことは緊張などせずにこなしていくことができるだろう。

何かが不安になるとき、それは自分の心がその対象よりも小さくなっている。心を拡げることでしか、その不安は解消できないのだ。

心を、本来の大きさに取り戻せばいい。心が本来の大きさに戻れば、今、見ているその世界は、眩しいほどに輝き始めるだろう。

本書の冒頭に書いたことを、もう1度書く。

・身体が変われば心が変わる。
・心が変われば言葉が変わる。
・言葉が変われば人生が変わる。

心は、身体よりもずっと大きい。そして、心よりも、言葉はもっと大きい。最後に、他の何よりも、人生が一番大きいのだ。

「心のストレッチ」をする目的は何か？　それは、心を、本来の大きさへと拡げていくことにある。心はいつも、本来の大きさを取り戻したがっている。心のストレッチによって、心が本来の大きさを取り戻し、言葉が本来の大きさを取り戻し、そして、何よりも大きな人生が本来の大きさを取り戻すのであれば、人生を変えていくということは、何も難しいことではない。

例えば、コップの水に、1滴の赤いインクを垂らしたとしよう。コップの中の水は、すぐに赤く染まっていくことになる。しかし、これが、大きな海に1滴の赤いインクを垂らした場合であればどうだろうか？　大きな海は、たった1滴の赤いインクには全く動じずに、聡明なる青色を維持していくことだろう。

ある困難に遭遇する。あなたは、すぐに赤く染まってしまうのか、聡明な青のままでいられるのか。それは、あなたの心が、その困難よりも小さいのか、大きいのかにかかっている。

「困難に立ち向かう」という言い方をする。しかし、立ち向かおうとしている時点で、その困難と同じ大きさで勝負をしようとしているのではないか。「自分の心は、この困難よりも小さくて、対処しきれないかもしれない」と認めそうになっているのではないのか。

大きな海が、たった1滴の赤いインクに対して動じると思うのか？　動じるわけがないだろう。立ち向かうのではない。その困難は、余裕を持って呑み込んでしまえばいい。

悩みをどうこうしようと考える前に、まずはその悩みを受け取る心を拡げていくことだ。心が拡がっていけば、その悩みはどんどん小さくなっていく。悩んだり、落ち込んだり、この負のオーラは「気」を滞らせ、あなたの魅力を半減させてしまう。

それよりも、2度と帰ってくることのない、きょうというかけがえのない1日を、どうやったら目一杯楽しむことができるのか、それを考えてみてほしい。実際、「今」を楽しんで生きている人は、見た目も考え方も若々しくて、心の健康も元気に保たれている。誰の寿命も有限なのだ。限られた時間だからこそ、できるだけ楽しく生きて、たくさんの夢を叶えて、思ったとおりの人生を歩んでいきたいものである。

私は整体師ではあるが、凝り固まった健康オタクではない。不摂生をしている方のお話をお伺いしたとしても、決してその方を責めたりはしない。なぜなら、日々の養生は、自分のためにするものであって、誰かに評価されるためにするものではないからだ。そもそも、養生を義務感で捉えるのは間違っている。

本来、養生とは、楽しみながらやるものだ。楽しんでやるからこそ、そこに価値が生まれてくる。いくら健康的な生活を送っていたとしても、本人が楽しんでやっていないのであれば、それは養生ではない。

だから、時には養生を大きく外れるような生活を送ったとしても、全く問題はない。たまには、友人とお酒を飲むのもいい。好きなものをお腹いっぱい食べたっていい。夜更かしして朝まで遊んだっていい。なぜなら、それは人生を楽しんでいるからだ。その後に、きちんとリカバリーできるように、少し健康的な生活を心がけていけばいい。健康も不健康も、たった1日でつくられるようなものではない。毎日の積重ねが、今を、そして明日をつくっていくのだから。

私が尊敬しているお医者様は、こうおっしゃっていた。「健康的な生活をしようと思えばいくらでもできる。でも、そんなことよりも、生きがいのある人生を歩んでいくことのほうがずっと大切なのだ。大きな目標を持って、それに向かって全力で生きていくことのほうが、ずっと尊いことなのだよ」。

自分の心を大切にしよう。自分の心を大きく拡げていこう。心が傷ついたとき、落ち込んだとき、涙を流したとき、怒りを覚えたとき、道に迷ったとき、あなたを最後まで支え、前を向かせてくれるのは、他の誰でもない、あなたの心なのだから。

最後に、私の話にお付合いをいただきたい。

今回、「心のストレス」というテーマを改めて考えたときに、私は素直に「自分には、そういったストレスはないな」と思った。私は、日常生活の中で、ストレスで苦痛を感じることがほとんどない。私にとっては、施術は仕事ではない。ただの趣味だ。だから、私は、趣味で収入を得られているということになる。仕事においても、それ以外でも、嫌なことは全くやらない。嫌なものは嫌だとハッキリ断る。他人に対しても、言いたいことをハッキリと言う。

これは、日本人の気質なのか何なのか、真面目な方が多いのだと思う。自己犠牲の気持ちが強くて、他人に優し過ぎる方が多過ぎるのだ。そのため、もっと大きなはずの心を、いつも窮屈に押し込んでしまっている。こんなことをやっていたらダメだ。もっと、厚かましく生きていい。1度きりの人生じゃないか。もっと、心を大きく拡げて生きようではないか。

私は、人に「夢はありますか?」と尋ねることがある。しかし、ここで、「特に夢はない」と答える方が多くいることに驚いてしまう。夢を見ることにさえ、遠慮してしまっているのか? 夢を見ることなんて自由ではないか。もっと、ワガママに夢を見ていいのだよ。

私は、「いつか、本を出せる人間になりたい」と思っていた。何年も、ずっとそれを夢に見ていた。そして今回、その夢を叶えることができた。「本を出せる人間になることは難しい」。こんな言葉は、何度聞いただろうか。

しかし、私は、無理だと思えるようなことだとしても、こうして叶えることができたのだ。私は天才ではない。私は、何も特別な人間ではない。むしろ、あなたのほうが、私よりもずっと優秀なはずだ。

あなたが夢を描いて、それを思い続けることができるのであれば、それは叶うと思う。多くの人間が無理だと言ってくるようなことだとしても、その夢は叶うと思う。私は、その夢を叶えた。だから、あなたの夢だって叶うとそう信じている。

夢を大切にしてほしい。誰に遠慮することなく、大胆に夢を描いてほしい。そして、それを思い続けてほしい。あなたがあなたらしく、心を大きく拡げて、夢を叶えていく人生を歩んでいくことを、私は心から願っている。

そして、最後に、何かのご縁があって、本書を手に取ってくださり、最後までお付合いをいただいたあなたに、心から感謝の気持ちを伝えたいと思う。

齊藤　仁重

著者略歴

齊藤　仁重（さいとう　ひとしげ）

1980年、長野県生まれ。整体師。

キャリアは15年を超え、施術してきた人数は延べ2万人以上。

独自の整体理論を生み出し、他にはない唯一の手技を確立している。

今までに、長野県内にいるあらゆるジャンルのトップアスリートの施術を担当。そこから口コミで広がり、県外からも多くのアスリートが集まるようになっていく。

また、全国的に有名な大手企業の経営者、著名人芸能人を始め、数多くのＶＩＰたちの施術を担当してきている。

整体施術の活動以外にも、講演会やコラム執筆などを通じて、たくさんの人たちにメッセージを送っている。

・齊藤仁重オフィシャルサイト
　http://saitohitoshige.naganoblog.jp/
・齊藤仁重インスタグラム
　https://www.instagram.com/hitoshigesaito/?hl=ja

ビジネスマンの人生を激変させるしなやかな心のつくり方
―カリスマ整体師が心のストレッチの極意を伝授する

2020年3月18日　初版発行

著　者　齊藤　仁重　© Hitoshige Saito
発行人　森　　忠順
発行所　株式会社 セルバ出版
〒113-0034
東京都文京区湯島1丁目12番6号 高関ビル5B
☎ 03（5812）1178　　FAX 03（5812）1188
http://www.seluba.co.jp/
発　売　株式会社 創英社／三省堂書店
〒101-0051
東京都千代田区神田神保町1丁目1番地
☎ 03（3291）2295　　FAX 03（3292）7687

印刷・製本　モリモト印刷株式会社

Printed in JAPAN
ISBN978-4-86367-564-3